FILM IM FRANZÖSISCHUNTERRICHT

Louis Malle

Au revoir, les enfants

Dossier pédagogique

par
Hans-Dieter Schwarzmann
et
Judith Spaeth-Goes

Ernst Klett Verlag
Stuttgart Düsseldorf Leipzig

Konzeption des Dossier pédagogique

Das vorliegende Dossier Pédagogique begleitet Louis Malles Film *Au revoir, les enfants* sowie die *folio*-Ausgabe dessen Drehbuchs* (© Gallimard 1987). Film und Drehbuch werden zur wechselseitigen Erhellung eingesetzt und unter den Aspekten der Filmhandlung, der Filmsprache und des landeskundlichen und biographischen Hintergrunds erschlossen.
Bei den Unterrichtsverfahren werden sowohl Bild- und Textanalyse als auch kreativ-spielerische und produktionsorientierte Ansätze vorgeschlagen. Das Dossier ist so konzipiert, dass die Unterrichtenden von den zur Verfügung gestellten Aufgaben diejenigen *auswählen* können, die ihnen angesichts der Voraussetzungen der Lerngruppe (Größe, Leistungsstärke, Motivation) am geeignetsten erscheinen. Viele Arbeitsaufträge können von den Schüler/innen selbstständig und/oder in Partner- und Gruppenarbeit ausgeführt werden.
Die Erschließung der Filmsequenzen erfolgt meist in drei Phasen: Vorbereitende, weitgehend offene Aufgaben vor der Mitschau, film- und textbegleitende Aufgaben (Beobachtungsaufträge, Abrufen von Schülerreaktionen, Informationsentnahme), und weiterführende Aufgaben (Füllen von Leer- und Unbestimmtheitsstellen des Films / des Textes, kritische Reflexion, Spiel).

Die nachfolgenden Hinweise und Erläuterungen stehen in engem Zusammenhang mit den in diesem Dossier enthaltenen *Kopiervorlagen* (nachfolgend „KV" abgekürzt). Diese können ohne vorherige Genehmigung des Ernst Klett Verlages als vervielfältigte Arbeitsblätter an die Schüler/innen verteilt und/oder auf Folien für den Tageslichtprojektor kopiert werden. Die Kopiervorlagen sind oben rechts mit einem Kopiersymbol und einer laufenden Nummer versehen.
Die im einzelnen aufgeführten methodisch-didaktischen Erläuterungen und die mitgelieferten *Erwartungshorizonte* sind grundsätzlich nicht als zwingende Vorgaben gedacht, sondern als arbeitstechnische und interpretatorische Möglichkeiten zu verstehen. Den Unterrichtenden sollen Arbeitserleichterungen an die Hand gegeben und Perspektiven eröffnet werden, ohne dass dadurch jedoch ihre Eigeninitiative eingeschränkt wird.
Drei Seiten mit *Worterklärungen* als Hilfe zum sprachlichen Verständnis von Film und Drehbuch sind als selbstständige Kopiervorlagen in das Dossier eingefügt. Wieviel die Schüler/innen sich jeweils von diesen Vokabularien aneignen sollen, sollte vorab zwischen ihnen und dem Unterrichtenden vereinbart werden.

I Vor der Lektüre

Premiers regards (KV 1)

1 Au revoir, les enfants
Der phantasieauslösende Einstiegsimpuls ist offen für zahlreiche Kontexte und sensibilisiert die Schüler/innen für einen zentralen Aspekt des Films: Abschiednehmen.
Je nach Stimmungslage und persönlichen Erfahrungen sind optimistische *(départ en vacances, mariage des enfants, etc.)* oder aber schmerzhafte Situationen *(séparation, maladie, mort ...)* zu erwarten. Dem *Tonfall*, in dem dieser Satz gesprochen wird, kommt entscheidende Bedeutung zu.

2 Face à face
Als erste Annäherung an den Film werden die Schüler/innen mit zwei Standbildern aus der ersten Szene des Films konfrontiert. Diese enthalten bereits Informationen über die Ausgangssituation des Films, lassen aber als isolierte Bilder Raum für kreative Ausgestaltung des Kontextes.

Die von den Schüler/innen frei assoziierten Situationen, als auch der vermutete Dialog zischen Mutter und Sohn (Sprechblasen) werden später (nach vollständiger Kenntnis der Szenen 1-2) mit der Realsituation des Films verglichen (s. KV 3, Phase 4, Frage 3).

La couverture du livre

Die Schüler/innen beschreiben die Umschlagseite des Schülerbuchs und lassen ihren Assoziationen freien Lauf. Anschließend formulieren sie ihre Erwartungen gegenüber dem Inhalt. Zur Not kann der Lehrer / die Lehrerin durch Fragen lenken (z.B.: *Comment trouvez-vous la couverture ? Quelles associations fait-elle naître en vous ? Décrivez-la. Quand vous regardez cette couverture, qu'est-ce que vous vous attendez à lire à l'intérieur du livre ? De quel genre de sujet ou d'action pourrait-il être question ? Quel pourrait être le cadre de ces actions ?* usw.)

* Auf diese Ausgabe (Klett-Nr. 597262) beziehen sich vor allem alle Seitenverweise dieses Dossiers. Davon abgesehen können aber auch andere Drehbuchausgaben verwendet werden.

En route / L'école et vous (KV 2 und 3)

Diese beiden Arbeitsblätter sollen parallel in arbeitsteiligem Verfahren eingesetzt werden, wobei die zwei Gruppen A und B in etwa gleich groß sein sollten (sofern sich das steuern lässt, sollten sich die eher extrovertierten Schüler/innen in Gruppe A einfinden.)
Für die Gruppenarbeitsphasen 1 und 3 wird ein zweiter Raum benötigt (z.B. die Schulbibliothek).

Der ***Fragebogen*** von KV 3 fokussiert auf die Erfahrungswelt Schule und leitet auf Bonnets schwierige Situation als neuer Schüler im Internat hin (KV 5).
Er wird anonym ausgefüllt und innerhalb der jeweiligen Gruppe anschließend gemeinsam ausgewertet (Phase 1 bzw. 3).
Die Schüler/innen können (müssen aber nicht) berichten, welche Erfahrungen sie zu ihren Veränderungsvorschlägen (Frage 7) gebracht haben.
Innerhalb der Gruppen können auch schon die Punkte gesammelt werden, die später im Plenum (Phase 4) zum Gegenstand der Diskussion werden könnten, wie z.B. :
Vorzüge und Nachteile der eigenen Schule, Identifikationsmöglichkeiten mit dieser / Abgrenzung ihr gegenüber,
Probleme des "Dreiecksverhältnisses" Lehrer-Schüler-Stoff, Sozialisation an der Schule, Umgang mit Fremden, u.e.m.

KV 2 behandelt die erste Begegnung mit dem Film (Szene 1), und zwar über eine getrennte Bild - und Tonspur.

Phase 1
Bei ausgeschaltetem Ton schaut Gruppe A die erste Filmsequenz mehrmals an. Danach wird die Szene geübt (Phase 1) um sie anschließend der anderen, in einem anderen Raum mit dem Fragebogen beschäftigten Gruppe vorzuführen. Die Schüler/innen der Gruppe A können entweder die Szenen stumm nachspielen oder aber die "wichtigen" Ereignisse in Form von ca. 5 chronologisch aufeinander folgenden Standbildern (siehe Kästchen auf KV2) darstellen.

Phase 2
Die Schüler/innen der Gruppe B beschreiben, was sie gesehen haben und bilden – sofern nötig – Hypothesen dazu. Die Gruppe A bestätigt oder korrigiert sie.
Die bestätigten Hypothesen sollten schriftlich festgehalten werden (z.B. an der Tafel).

Phase 3
Gruppe B arbeitet mit der Tonspur. Dafür wird das Fernsehgerät umgedreht oder abgedeckt.
Nachdem die Schüler/innen mehrmals den Ton der Szene gehört haben, versuchen sie, Gehörtes und Gesehenes in einem kurzen Text zusammenbringen.
Hierbei ist weder Textgenauigkeit noch Vollständigkeit angestrebt, sondern es geht um die Hinführung zu einem differenzierten und reflektierten Hörverstehen.

Phase 4
1 Abweichung und Ähnlichkeiten in Bezug auf das Original tragen gleichermaßen dazu bei, die Szene beim vollständigen Anschauen besser zu verstehen.
Hinweis für 1 b) : Die Tatsache, dass Julien seine Mutter siezt, verweist auf die bürgerliche Oberschicht.
2 La scène a lieu à la gare de Lyon (à Paris) en janvier 1944, c'est-à-dire vers la fin de la Seconde Guerre mondiale, sous l'occupation allemande. Le fait que François fume de la barbe de maïs montre qu'il est difficile de se procurer certains produits (le tabac, p. ex.).
3 a) Il s'agit de rapports très tendres entre mère et fils, très intimes :
Julien se jette contre sa mère et l'étreint, éperdument (p. 11), il se serre contre elle, le plus fort qu'il le peut (p. 12). Mme Quentin lui caresse la nuque (p.12), elle s'agenouille devant Julien et lui donne un baiser sur la joue (p. 12) : « *Tu me manques à chaque instant.* » Elle aimerait le voir tous les jours et partager avec lui un secret (p. 12).
b) Les relations entre père et fils sont mauvaises ou inexistantes, Julien ne s'intéresse qu'à sa mère. Il ne la déteste pas vraiment mais veut lui montrer qu'il est fâché parce qu'elle l'oblige à se séparer d'elle.
4 Julien reste silencieux et pleure : il est triste. Les autres élèves n'ont pas ce « problème »: ils se battent et font des bêtises.
5 Die Gruppensprecher präsentieren die Ergebnisse der Auswertung von KV 3 und sammeln sämtliche Vorschläge zur Verbesserung (Frage 7) an der Tafel.
Bei der Diskussion um die Umsetzungsmöglichkeit der Vorschläge sollte man darauf achten, dass weder unrealisierbare Vorstellungen noch ein utopieferner Pragmatismus die Vorschläge verwässern.

Vocabulaire (KV 4 – auch 7 und 12)

KV 4 sollte spätestens vor der Lektüre der Szene 3 verteilt werden, KV 7 und 12 jeweils vor Lektüre der betreffenden Textblöcke.
Die Worterklärungen sind als Hilfe zur Texterschließung, jedoch nicht als *Lern*wortschatz konzipiert (siehe "Konzeption des Dossier pédagogique", S. 2).

II Während der Lektüre / der Filmvorführung

A l'internat (KV 5)

Die Frage 10 der KV 3 (l'accueil d'un nouvel élève) bildet den Einstieg in die neue Filmsequenz (Szenen 3-13) und könnte an dieser Stelle wieder aufgegriffen werden.

Beschreibung und Interpretation des *Standbilds* bereiten die Schüler auf die entscheidenden Handlungsmomente des Films vor. Bei den Antworten zu den gestellten Fragen sollte es allerdings mehr um Plausibilität als um die etwaige "Richtigkeit" im Hinblick auf den Filmablauf gehen.

1 Réponses individuelles.

2 Die beiden Fragen der Aufgabe 2 sollten im Sinne eines Beobachtungsauftrags den Schüler/innen vor der Mitschau bekannt sein.
a) Réponses individuelles.
b) Eléments de réponse : attitude agressive face à ceux qui sont étrangers au groupe / défense du « territoire » face aux intrus / établissement d'une hiérarchie basée sur la loi du plus fort (Textbelege : siehe nächste Aufgabe).

3 Wegen des großen Textumfangs könnten die Schüler/innen bei Aufgabe 3 arbeitsteilig vorgehen (z.B. Szene 4 / Szenen 5, 7, 8 / Szenen 10, 12).
Die subjektive Bewertung der "agressions" als mehr oder weniger gravierend sollte von den Schüler/innen begründet werden.
a) « Bonnet de nuit, bonnet d'âne » (p. 18),
« Si on me cherche, on me trouve » (p. 19),
« mauviette » (p. 21),
« Dubo-Dubon-Dubonnet » (p. 25 et 42),
« Il m'énerve, ce type » (p. 37),
« Tu me fais chier » (p. 45).
b) On lui jette des oreillers en pleine figure (p. 18),
Julien lui prend un livre sans le lui demander (p. 18),
Boulanger met de la glace dans sa chemise (p. 21),
on lui fait un tape-cul (p. 27),
Sagard lui prend son biscuit et le lèche (p. 37),
un élève le fait trébucher, les autres rient (p. 43).

Julien et Bonnet (KV 6)

Anhand der bisher gesichteten Szenen 3 bis 13 können die ersten Kontakte zweier verschiedener Temperamente und Charaktere im Spannungsfeld zwischen Anziehung und Ablehnung thematisiert werden.

1 Portraits

Die beiden Porträts von Julien und Bonnet (Aufgabe 1) können (mit den vorgegebenen Hilfen) als vorbereitende Hausaufgabe von den Schüler/innen erstellt werden.

Eléments de réponse :

1 un garçon plutôt petit, aux traits fins et réguliers ;
un visage ovale, le teint pâle, les yeux bruns ;
des cheveux châtain clair assez longs, une coiffure soignée avec la raie au milieu ;
des culottes courtes et des vêtements assez « conventionnels » pour un jeune de l'époque ;
un garçon au caractère ouvert et aux manières décontractées ; spontané et impulsif, plutôt sensible mais pas toujours aimable.

2 un garçon mince, de taille moyenne ;
le visage allongé, le teint mat, les yeux noirs, une bouche aux lèvres assez marquées ;
des cheveux noirs, courts et bouclés ;
des culottes courtes et des vêtements sobres ;
sérieux, calme, modeste, discret et réservé,
plutôt mélancolique, une personnalité un peu secrète ;
de bonnes manières.

2 Premiers contacts

1 C'est Bonnet qui prend l'initiative en demandant à Julien comment il s'appelle (p. 18).
Julien le laisse attendre avant de répondre froidement et de manière agressive (« *Si on me cherche on me trouve* », p. 19).

2 Aufgaben 2 und 3 können in zwei Arbeitsschritten bearbeitet werden: 1. Hör-/Sehauftrag bei der Mitschau, 2. Detailanalyse mit Hilfe des Textes.
a) Signes d'intérêt :
– les deux garçons s'observent (p. 18, 25, 26)
– Julien s'intéresse aux lectures de Bonnet (p. 18-19)
– il lui propose un biscuit (p. 37)
– Bonnet se rapproche de Julien, il lui demande de l'éclairer (p. 45)
b) Motifs possibles : la curiosité face à quelqu'un qui est différent et encore étranger, le désir de trouver un ami.

3 a) Signes de méfiance :
– Julien ne donne pas tout de suite son nom à Bonnet, il lui répond par une provocation (p. 18-19)
– Bonnet refuse le biscuit de Julien (p. 37)
– Julien s'énerve face à Bonnet (p. 37), qui le « fait chier » (p. 45)
– Julien dit à Bonnet de lui « foutre la paix » (p. 45) et il s'écarte de lui (p. 46)
b) Julien, qui était le meilleur élève de sa classe, voit en Bonnet un concurrent.C'est lui qui semble être le plus méfiant des deux.
Bonnet a peut-être peur que l'autre profite de ses faiblesses.

4 Réponses individuelles.

Jours tranquilles à l'internat (KV 8)

Die einzelnen Szenen können, jeweils unter Vorgabe der entsprechenden Fragen, sukzessive gezeigt werden. Bei Verständnisproblemen oder komplexeren Fragen (z.B. bei Frage 3 der 1. Rubrik und bei 2 *Le secret de Bonnet*) muss das Textbuch herangezogen werden.

1 Les aléas du quotidien

1 – Le lit en portefeuille : pour les élèves de sa classe, Bonnet est encore et toujours le « nouveau », celui qu'on provoque, qu'on chicane, dont on teste les réactions. La question de Bonnet, qui soupçonne Julien d'être le coupable, souligne la méfiance qui existe entre les deux garçons.
– Les draps mouillés : Cette réaction montre que Julien est encore un « petit garçon »: une faiblesse physique qui laisse entendre, plus généralement, qu'il manque de maturité.
– Le cauchemar d'un élève et la réaction de panique de Bonnet : Bonnet semble avoir très peur des cris – ou de quelque chose d'autre (dont on ignore encore l'origine).

2 a) Contrairement à Julien, peu doué pour la musique, Bonnet joue du piano avec talent. Il semble donc être beaucoup plus sensible que Julien.
b) C'est un mélange de jalousie / d'envie et de fascination.

3 D'après la lettre, la mère de Bonnet sort peu, il lui est « difficile » d'écrire à son fils et elle a besoin d'un intermédiaire pour poster une lettre : donc *elle se cache / elle vit dans la clandestinité*. Ce qui explique pourquoi elle ne mentionne pas le nom de « Monsieur D. »
Elle parle de sa sœur (« ta tante »), avec laquelle elle semble vivre, mais pas de son mari : *il ne vit sans doute plus avec elle*. (L'a-t-il quittée ? volontairement ? Est-il mort ? – voir aussi p. 63 : « Mon père *était* comptable. »)
Pour Julien, le fait que la mère de Bonnet ne parle pas ouvertement signifie qu'elle a peur et *donc* qu'elle est coupable de quelque chose. (Un peu naïf, Julien n'imagine pas qu'on puisse avoir peur quand on n'est pas coupable).

4 a) Le coup de téléphone est un avertissement au Père Jean. Il est en contact avec des gens qui ont été *repérés* (par qui ?) et il faut qu'il prenne des *précautions* (contre quoi ?) Le Père Jean a donc fait quelque chose d'*illégal* (quoi ?).
La personne qui a appelé : un parent d'élève ? un policier français ? un résistant ? un voisin ?
b) D'après le Père Jean, Bonnet a sans doute besoin de protection / de solidarité / de compréhension.

5 Réponses individuelles.
Diese Fragen bereiten die kurze Diskussion zwischen Julien und Bonnet über die Helden dieses Romans in Szene 27 vor (S. 80, KV 9).

6 a) Moreau, qui travaille au collège sous un faux nom, est l'un des réfractaires recherchés (voir les répliques de Joseph, p. 71). Il profite de l'occasion pour se sauver.
b) « Ils » (= les soldats allemands – voir le casque) meurent pour défendre l'« Europe » (et donc aussi la France !) contre le « bolchévisme » (l'Union Soviétique), il serait donc « juste » que d'autres (= les ouvriers français – voir en bas) fassent aussi un sacrifice en allant travailler en Allemagne.
Pour la plupart des Français, cet appel à la « solidarité » n'est pas très convaincant, car ils considèrent que l'occupant allemand est leur véritable ennemi, et non pas l'Union Soviétique.
(Als Informationsquelle – mit vielen Fotos – über Collaboration und Résistance besonders empfehlenswert: Henry Rousso, *Les années noires. Vivre sous l'Occupation*, Gallimard,1992).

7 a) Cette scène met en évidence le fait que Julien, un élève intelligent, est dépassé dans sa matière préférée (le français) par Bonnet, qui est non seulement intelligent, mais aussi plus « sensible ».
Le sentiment de rivalité peut devenir une menace pour l'amitié naissante entre Julien et Bonnet.
b) Réponses individuelles.

2 Le secret de Bonnet

– Il ne fait pas le signe de croix après la prière du soir (p. 47).
– La nuit, il prend peur quand il entend des cris (p. 49).
– Il joue bien du piano (p. 53).
– Sa mère lui écrit une lettre dans laquelle elle mentionne sa situation « difficile » (p. 55).
– Le Père Jean demande à Julien d'être gentil avec Bonnet (p. 60).
– Bonnet dit qu'il est protestant (p. 65).
– La nuit, il prie devant des bougies, le béret sur la tête, mais il s'arrête quand il croit qu'on peut le voir (p. 68).
– Quand les miliciens sont au collège, Bonnet est caché par le Père Michel et Moreau (p. 70).

Interprétation : Réponses individuelles. Quelques hypothèses :
- Bonnet vient d'un milieu que Julien ne connaît pas.
- Sa mère et son père sont probablement en difficulté.
- Il a besoin de protection, il est en danger, lui aussi.
- Il est recherché par les nazis.
- Il est juif.

Auch andere Filmfiguren haben Geheimnisse. Die Schüler/innen können sich mit den (teilweise schon bekannten) Geheimnissen folgender Personen befassen und ihre Bedeutung für die Filmdramaturgie erläutern :
- Père Jean (il cache des enfants juifs au collège) ;
- Joseph (il fait du marché noir, il fréquente des nazis) ;
- Moreau (non seulement réfractaire mais aussi résistant ?)
- Mme Quentin (a-t-elle un amant ?)
- Julien (il pisse au lit).

C'est quoi, un Juif ? (KV 9)

1 La règle à suivre : Ne jamais reconnaître qu'on est juif. C'est la meilleure manière de rester en vie dans un pays dominé par les antisémites (toute imprudence peut entraîner une dénonciation et une arrestation, c'est-à-dire la déportation et la mort).

2 a) – Il a mal effacé son nom dans son livre (scène 26).
– Il réagit de manière peu naturelle suite aux questions de Julien dans la scène 27.
– Il ne fait pas le signe de croix (scène 14).
– Il garde une lettre « suspecte » de sa mère (scène 17).
– Il fait ses prières selon la tradition juive au milieu des autres élèves, qui pourraient le voir (scène 22).
b) Réponses individuelles.

Mögliche Zusatzaufgabe :
Quelles conséquences la découverte de la véritable identité de Bonnet par Julien peut-elle avoir en ce qui concerne les relations (et les « rapports de force ») des deux garçons ?

3 Bonnet est très bon dans tous les domaines :
en maths (scène 12 : il résout le problème « avec aisance »)
en musique (scène 16 : il joue Schubert « avec aisance »)
et en français (scène 24 : il a la meilleure note).

4 Il y a confusion entre les catégories de *race* et de *religion*, comme le montre la dernière phrase de l'article 1 : la race y est « définie » par la religion !

5 Die Schüler/innen sollen sich vergegenwärtigen, dass es *keine* klare und allgemein akzeptierte Definition des Wortes gibt (was manche tendenziöse Auslegungen ermöglicht bzw. begünstigt hat). Vgl. Joffo.
Das Wort bezieht sich sowohl auf die *religiöse* Gemeinschaft, die sich auf den Talmud stützt, bzw. auf eine « communauté *culturelle* et religieuse » als auch auf die Nachkommen des (biblischen) semitischen *Volkes* (« les descendants du peuple de Judée ») – wo auch immer diese heute leben.

6 Le juif est représenté sous les traits d'un homme assez vieux, barbu, au visage dur et au nez trés marqué. Ses mains, qui ressemblent à des griffes d'animal (ou aux bras d'une pieuvre), s'emparent de la Terre entière.
Cette représentation, qui donne du juif une image très antipathique, correspond à un cliché fort répandu selon lequel les juifs s'emparent du pouvoir et des richesses partout où ils se trouvent dans le monde.

La prise de vue (KV 10)

1 et 3 : Eléments de réponse pour le tableau :
1c Julien : « Qui tu préfères, Athos ou D'Artagnan ?»
Julien : « Tes parents sont à Marseille ?»
2a *plan rapproché* sur Bonnet puis sur Julien
2b Bonnet se lève et quitte sa place.
2c Julien : « Où elle est ta mère ? »
3a *plan rapproché* sur Bonnet.
3b Bonnet met son manteau. Il regarde Julien.
3c —
4a *plan rapproché* sur Julien puis sur les deux garçons.
4b Julien va vers Bonnet, le prend par l'épaule.
Bonnet repousse Julien, l'air furieux.
4c Julien : « Tu veux pas me dire où elle est ? »
Bonnet : « Fous-moi la paix ! Je sais pas où elle est. »
5a *plan américain* sur le Père Hippolyte
au fond : la porte et une partie de la classe.
5b Hippolyte, debout, s'adressse aux deux garçons.
5c Hippolyte : « Qu'est-ce que vous faites là ? »
Julien : « Je suis enrhumé, je tousse. »
6a *plan rapproché* sur Julien et Bonnet
6b Bonnet et Julien regardent Hippolyte,
puis ils se regardent.
6c Julien : « Il est salaud Hippo. »

2 Eléments de réponse :
– Les gestes et la mimique des deux garçons montrent qu'ils ont une discussion, peut-être même une dispute.
– Le contexte de la scène (juste après la découverte du vrai nom de Bonnet) permet de penser que la discussion tourne autour des origines / de l'identité de Bonnet.
– Julien semble être celui qui interroge / qui accuse, Bonnet semble plutôt être sur la défensive.

La sonorisation (KV 11)

In diesem Arbeitsblatt werden die Schüler/innen aufgefordert, sich mit Bedeutung und Wirkung der Tonspur eines Filmes zu befassen. Dazu dient die lange, dialogarme Passage aus Szene 29.

1 Réponses individuelles. Eléments de réponse :
a) participer à la « description acoustique » d'un cadre ou d'une action ; « annoncer » une action ou la « dramatiser » (et entretenir le suspense) ; agir sur les émotions du spectateur, etc.
c) créer un effet de surprise et amener l'auditeur (peu habitué au silence) à mieux se concentrer sur l'image.

2 Bei dieser Aufgabe sollte das Fernsehgerät umgedreht oder abgedeckt sein. Die Notizen können auch auf Deutsch sein, da das notwendige Vokabular vermutlich noch nicht bekannt ist.

3 Bruits produits par les garçons et bruits divers produits par les animaux. Ceux-ci produisent un effet inquiétant.

4 Les bruits mentionnés : des appels, des voix, des coups de sifflets, (p. 91), Julien hurle, lance des appels, un craquement, une branche craque, la voix étouffée de Jean (p. 92), Bonnet gémit ou marmonne une prière, Julien chantonne, une cavalcade, des grognements (p. 93), Julien claque les dents, des branches craquent (p. 94).
(On entend sur la bande-son beaucoup de bruits qui ne sont pas tous mentionnés dans le texte du scénario.)

5 Réponses individuelles.

Pistes à suivre (KV 13)

1 Le jeu de piste

1 Deux groupes d'élèves cherchent un « trésor » (une boîte de biscuits) qui est caché dans la forêt. Des signes mis sur les arbres et les rochers sont là pour aider les joueurs à trouver la bonne piste. Le groupe qui trouve le trésor a gagné. Chaque groupe peut « prendre » des élèves de l'autre groupe et les faire prisonniers.

2 J - K - M - H - F - I - C - A - E - L - G - N - B - D

3 Le sentiment d'avoir vécu en commun une « aventure » et le fait d'avoir connu ensemble des moments difficiles (la peur et le froid) rendent leurs relations plus étroites.

2 Retour au collège

1 Scène 29 : Les Allemands ne sont d'abord que des *soldats*, des ennemis qui représentent le danger.
Scènes 30 et 31 : Louis Malle montre que sous l'uniforme se trouvent aussi des *hommes* prêts à rendre service (ils ramènent les enfants et leur prêtent une couverture), qui ont une certaine culture (le caporal parle bien le français) et même le sens de l'humour (p. 97).

Kleiner Unterschied zwischen Drehbuch und Film: Im Drehbuch lädt Père Jean die Soldaten zu einem Getränk ein. Beim Drehen läßt Louis Malle diese Idee fallen. Die Schüler/innen können ggf. über die Gründe spekulieren.

2 Solutions individuelles.

3 A la messe

1 Ils sont au dernier rang, seuls sans famille, et portent leurs vêtements de tous les jours (contrairement à beaucoup d'autres, qui sont « en tenue du dimanche ». Pour ces enfants juifs, la cérémonie catholique n'est pas un événement particulier.

2 L'indifférence / l'arrogance / l'égoïsme / le mensonge / la discorde / la haine – méprisant / injuste / impitoyable

3 a) Le gouvernement « officiel » de Vichy, qui a guidé la France dans la mauvaise direction, celle de la collaboration (peut-être aussi le pape Pie XII, souvent accusé d'une trop grande tolérance face aux Nazis).
Le Père Jean se situe du côté de la Résistance.
b) Les riches devraient être moins égoïstes et pratiquer plus souvent la charité (afin de réduire les inégalités).
c) Ils viennent de familles riches et se sentent personnellement visés par le sermon du Père Jean.

4 a) Siehe, z.B. den *Petit Robert.*
b) Bonnet veut « communier » avec les autres élèves, faire partie de leur *communauté,* ne plus en être exclu. Peut-être veut-il aussi faire un geste de « rapprochement » vers le Père Jean : il se sent « en communion d'idées » avec lui après son sermon.
c) Le Père Jean sait que Bonnet n'est pas catholique. Dans ces conditions, lui donner l'hostie serait un sacrilège qu'un prêtre catholique ne peut pas commettre.

Le Grand Cerf (KV 14)

1 Zur Beantwortung von Aufgabe 1 muss Szene 36 u.U. mehrmals angeschaut werden.
1. M. Meyer - 2 le maître d'hôtel - 3 le jeune milicien
4 Julien - 5 Jean Bonnet - 6 François - 7 Mme Quentin
8 le vieux milicien - 9 un officier allemand
10 autres officiers allemands - 11 autres clients français

2 a) Les deux hommes portent l'uniforme de la milice (béret, veste et pantalon noirs). L'un d'eux est jeune, grand et mince, le visage allongé, l'air froid et dur, l'autre est vieux, petit, un peu plus gros et porte la moustache.
Le jeune milicien est autoritaire, il devient grossier et menaçant quand il remarque que M. Meyer est juif.
Le vieux milicien fait l'important face à Mme Quentin et aux enfants mais se tait et obéit quand un officier allemand lui donne un ordre.
b) Les miliciens ne font qu'exécuter les ordres des Allemands, ils ne sont pas « au service de la France », comme dit l'un d'eux, mais au service des occupants.

3 – la milice (les collaborateurs actifs) :
« *Nous sommes au service de la France.*»
– les Français opposés à la collaboration :
« *C'est ignoble ce que vous faites.* »
– les Français antisémites : « *Les juifs à Moscou !* »
– la riche bourgeoisie (les collaborateurs passifs) :
« *Il a l'air si convenable, ce monsieur.* »
– Les occupants allemands : « *Foutez le camp !*»

4 Solutions individuelles.

5 Ziel des Nachspiels ist es, Gestik und Mimik der Schausspieler genau zu studieren (zwecks leichteren Behaltens des *Textes* helfen Souffleure oder aber "Erinnerungszettel", die auf den Tischen liegen).

Die Gruppe könnte anschließend eine *zweite,* abweichende Version spielen: Nachdem der Beginn filmgetreu nachgespielt wird, ändert ein(e) Spieler/in eine Replique oder eine maßgebliche Geste. Die anderen Spieler müssen auf die neu entstandene Situation (auf filmimmanent adäquate Art) reagieren. Über die unterschiedliche Wirkung von Originalszene und Abweichung wird anschließend diskutiert.

Du bon usage de la liberté (KV 15)

1 Projets d'avenir

1 - 2 Réponses individuelles. (Diese Aufgaben könnten als vorbereitende Hausaufgabe gegeben werden.)

3 a) François donne de faux renseignements pour troubler ou gêner les occupants : c'est une sorte de « résistance passive »..(Est-ce sérieux ? efficace ? « moral »?)
b) Mme Quentin réagit de manière opportuniste : L'intention de François est une « bêtise » car, d'après elle, la carrière professionnelle est bien plus importante que l'engagement pour une bonne cause – surtout si cette cause est risquée et incertaine...

4 Réponses individuelles. Quelques possibilités :
a) engagement humanitaire ou religieux, esprit d'aventure, romantisme et goût de l'exotisme, etc.
b) Julien est un romantique qui a beaucoup d'imagination…
c) Julien manque de discipline, de maîtrise de soi, de sensibilité, etc.

2 Le « film dans le film »

1 Réponses individuelles.
(1c: siehe Info-Kästchen, falls erforderlich)

> ***The Immigrant / L'émigrant / Der Einwanderer***
>
> Kurzer Stummfilm von und mit Charlie Chaplin, 1917.
>
> Inhalt : Als armer Einwanderer gelangt Charlie mit einem Schiff nach New York. Das Mädchen, das er an Bord kennengelernt hat, trifft er in einem Lokal wieder. Dort kann Charlie die Rechnung nicht begleichen…
>
> Themen : Auswanderung als Flucht vor den Kriegswirren, und / oder aus wirtschaftlicher Not und Perspektivlosigkeit. Amerika als Land der unbegrenzten Möglichkeiten, als Hort der Freiheit. (Hohe Symbolfunktion der Freiheitsstatue, ein Geschenk Frankreichs an die USA zu ihrem 100. Geburtstag.)
>
> In Louis Malles *Au revoir, les enfants* fungiert die Vorführung des Stummfilms filmdramaturgisch als retardierendes Element.

2 a) La statue de la Liberté symbolise la liberté, la démocratie, l'espoir d'une vie meilleure.
b) Elle représente l'espoir que la France se libèrera un jour de ses occupants allemands. Plus spécialement (pour Bonnet et les autres enfants juifs) : l'espoir de pouvoir continuer à échapper aux persécutions des nazis.

3 L'atmosphère est détendue, c'est un « moment tendre, un moment d'oubli » (p. 129) : même Joseph et le Père Jean rient beaucoup. La musique romantique souligne le caractère émotionnel de cette séance.

4 a) Les élèves connaissent le film par cœur et annoncent les gags à l'avance (p. 129).
b) La séance a le caractère d'un rituel communautaire : tout le monde (les élèves, les professeurs, le personnel) est réuni (et « communie ») dans la joie. Le temps d'un film, les problèmes du moment sont oubliés.

3 Au(x) voleur(s) !

1 Joseph a 17 ans, il est assez grand, mince et malingre (p. 32). Il a une jambe plus courte que l'autre et boite. Il a les cheveux bruns et a l'air peu soigné. Il est effronté, parle un langage populaire et a de mauvaises manières. Il semble être égoïste et sournois.

2 a) Ils ont fait du « commerce » avec Joseph et ont échangé leurs provisions personnelles (confiture, pâté, etc.) contre des timbres, des cigarettes ou autres objets.
b) Ils auraient dû partager leurs provisions avec des camarades dans le besoin / plus pauvres au lieu de se montrer égoïstes et de les échanger contre des objets qui constituent un « luxe inutile ».

3 Réponses individuelles. Eléments de réponse :
Un « bon » usage est celui qui respecte la *liberté des autres* / qui tient compte de l'*intérêt général* / qui tient compte des *conséquences* de ses propres actes / etc.

4 a) Le Père Jean est « obligé » de renvoyer Joseph parce qu'il volait les provisions du collège. Il considère cependant qu'un pauvre type qui vole (plus ou moins par « nécessité ») est moins coupable qu'un fils de famille aisée qui fait du marché noir (par égoïsme plus que par nécessité).
b) Autres décisions possibles : confiscation des objets volés ou cachés / dernier avertissement / travaux utiles au collège, etc.

Naissance d'une amitié (KV 16)

1 Für diese Aufgabe empfiehlt sich der Einsatz einer Metaplan-Wand, mit Karten unterschiedlicher Farben für die drei Gruppen.

2 – Débuts difficiles : intérêt, mais aussi *méfiance* et rivalité (voir KV 6 et 8).
– La découverte de l'identité juive de Bonnet (scène 26) donne à Julien un certain « *pouvoir* » face à lui.
– L'aventure du jeu de piste (scène 29) est le début de leur *amitié* (symbole : dans la voiture des Allemands, ils se partagent la même couverture).
– Dans la scène du restaurant (scène 36), Julien présente Bonnet comme « son ami ».

3 *Scène 40* : Bonnet défend Julien : « Bonnet est à ses côtés, deux contre tous les autres. » (p. 131)
Scène 41 : Julien parle à Bonnet d'un sujet très « personnel ».
Scène 42 : Julien apprend à Bonnet à se tenir sur une paire d'échasses ; il l'encourage quand il tombe.

4 a) *Scène* 44 : Julien ment par solidarité avec Bonnet, qui reste caché à l'église.
Scène 45 : Bonnet apprend à Julien à jouer le boogie-woogie. Ils ignorent l'alerte pour pouvoir jouer ensemble.
Scène 46 : Bonnet avoue qu'il a toujours peur.
Scène 47 : Julien et Bonnet parlent pour la première fois de leur père. Ils échangent un sourire de complicité quand ils surprennent Joseph en train de fouiller.
Scène 48 : Julien fait la lecture à Bonnet jusqu'à ce qu'il s'endorme.
b) Réponses individuelles.

5 Solutions individuelles.

La trahison (KV 17)

Diese Sequenz markiert den dramaturgischen Höhepunkt des Films und steht im Zeichen des Verrats : Verrat Josephs, der sich auf die Seite der Gestapo stellt, unbeabsichtigter "Verrat" Juliens, der Bonnet durch einen Blick anzeigt, Verrat der Krankenschwester, die aus Angst auf Négus zeigt.

1 L'arrestation de Bonnet

1 a) Des miliciens (au service des Allemands) ? Possible mais peu probable : Ils sont déjà venus une fois au collège (scène 23) et n'ont rien trouvé.
Un résistant qui parle sous la torture ? Possible (voir l'avertissement par téléphone, scène 18) mais peu probable : ce n'est généralement pas le genre de renseignement pour lequel la Gestapo torture les résistants.
Des voisins (antisémites) ? Peu probable : Comment sauraient-ils que les trois enfants sont juifs ?
Joseph ? Hypothèse la plus plausible : Il veut se venger du Père Jean. De plus, il n'aime pas beaucoup les juifs (voir sa remarque : « *T'es un vrai juif, toi !*», p. 40).
b) Joseph sait que Moreau se cache sous un faux nom au collège (p. 71), sans doute parce qu'il a écouté aux portes ou fouillé dans les papiers du Père Jean. C'est peut-être ainsi qu'il a également eu des indications sur les enfants juifs.

2 a) Il tourne le dos à la classe en attendant que les élèves, qui ne se sentent pas observés, aient une réaction qui le mette sur la bonne piste. Quand il se retourne brusquement, il intercepte en effet le regard de Julien, qui lui « désigne » ainsi Bonnet.
b) La réaction de Julien est spontanée, instinctive, c'est un regard d'amitié / de solidarité / de compassion. Julien est « responsable », mais pas « coupable »!
c) Réponses individuelles.

3 Bonnet reste calme, ne dit rien et obéit. Il a assez de caractère pour ne pas pleurer ou paniquer, il sait aussi qu'il n'a pas le choix et que toute autre réaction (nier, vouloir se défendre, essayer de fuir) serait inutile.

4 a) Bonnet ne veut pas que son ami interprète son regard comme un reproche (il ne veut pas le culpabiliser).
b) Bonnet veut montrer à Julien qu'il ne lui reproche rien. Julien essaie de consoler Bonnet en lui faisant savoir que « tout » n'est pas perdu.

5 C'est un dernier geste d'amitié : ils échangent leurs livres préférés pour garder le souvenir de leurs lectures communes.

2 A l'infirmerie

1 Moreau, qui est lui-même en danger, cherche à sauver Négus en le faisant passer pour un malade. Mais la ruse ne réussit pas : Négus est découvert et arrêté.
Le soldat veut voir si Julien est *circoncis* (comme le sont tous les juifs).

2 Julien accuse l'infirmière – qui a peur pour sa vie – d'avoir dit au soldat allemand où se trouvait Négus.

3 Joseph

1 Réponses individuelles.

2 a) Ce sont des « relations d'affaires », mais c'est plutôt Julien qui donne le ton / qui dicte ses conditions (p. 40). Julien a un peu de sympathie pour Joseph, mais ce n'est pas de l'amitié.
b) Joseph tend sa cigarette à moitié fumée à Julien (qui peut fumer les « restes » de Joseph...). Joseph, qui est maintenant du côté du plus fort (celui des Allemands), montre ainsi qu'il a le dessus dans ses rapports avec Julien.

3 a) Ce n'est *pas grave* (« C'est que des juifs », p. 160) ; la situation est *normale* en temps de guerre (p. 161) ; c'est *la faute des autres* (p. 161).
b) Il est complètement stupéfait quand il comprend que Joseph est à l'origine de la catastrophe. Il ne dit plus rien et finit par s'enfuir.

4 Solutions individuelles.
Nach Übungsteil a) können die Ergebnisse zusammengestellt und verglichen werden; signifikante Abweichungen können dabei zur Sprache kommen.

5 Raison possible : Joseph est un personnage *complexe* qui est autant à plaindre qu'il est à condamner.
C'est un traître, mais c'est aussi (et avant tout ?) un « pauvre type » *victime* d'injustices en séries (injustice physique : non seulement il a un handicap, mais c'est en partie à cause de cela qu'il est la tête de Turc des élèves ; injustice sociale : il doit travailler pour que les « fils de riches » puissent étudier ; injustice de son renvoi du collège).
Il n'arrive jamais à se faire *respecter.* Même sa « solution » à ce problème (se mettre du côté des plus forts) lui apporte plus de mépris que de respect.

6 Die Rollenverteilung (Ankläger, Verteidiger, Richter) kann auf freiwilliger Basis erfolgen, aber auch (z.B. über Kärtchen) zugelost werden.
Eléments d'accusation : collaboration avec l'ennemi, dénonciation du Père Jean et des trois enfants juifs / participation au marché noir.
Quelques circonstances atténuantes : un garçon très souvent maltraité et humilié / une situation désespérée après son renvoi discutable / le fait qu'il ne savait pas exactement ce que les nazis faisaient aux juifs.

Un drame prévisible (KV 18)

a) *scène 3* : Deux soldats allemands regardent les enfants dans la rue.
scène 7 : Un soldat allemand dans la cour du collège.
scènes 12-13 : Bombardements de la ville / les alertes / les coupures de courant / les abris
scène 18 : Coup de téléphone pour avertir le Père Jean
scène 19 : Une pancarte interdit aux juifs l'entrée des bains-douches.
scènes 20-21 : Bonnet se trouve entre deux soldats allemands. Un juif portant l'étoile jaune risque son arrestation.
scène 23 : Des miliciens sont à la recherche de réfractaires.
scène 26 : Lettre de Mme Quentin : Paris est bombardé.
scènes 29-31 : Julien et Bonnet ramenés au collège par deux Allemands après le jeu de piste.
scène 34 : Sermon du Père Jean parlant de persécutions, de victimes et de bourreaux.
scène 36 : Des miliciens maltraitent M. Meyer sous les yeux de Bonnet. Un officier allemand renvoie les miliciens.
scène 37 : Un groupe de soldats allemands s'adressent à François.
scènes 45-46 : Autre alerte, sirènes, bombardements.
scènes 49-52 : Arrivée de la Gestapo, arrestations.

b) Il y a progression sur deux plans : la *présence* de l'ennemi et *l'intensité* du danger qui menace les juifs.
– Les soldats allemands représentent une menace de plus en plus concrète : simple présence anonyme *dans la ville* (3) puis présence *au collège* (7), contacts directs d'abord *sans* conséquences graves (29-31, 37) puis *avec* conséquences dramatiques (49-52).
Parallèlement, la milice semble d'abord peu efficace (face aux réfractaires) mais indépendante (23), elle se montre ensuite plus efficace (face aux juifs) mais complètement soumise aux Allemands (36).
– La persécution des juifs se fait de plus en plus précise : *avertissement* téléphonique (18) ; risque, pour Bonnet, d'être *identifié* comme juif aux bains-douches (20-21) ;
Bonnet a *peur* d'être arrêté dans la forêt (29-31) ;
la *menace* se fait plus précise face à M.Meyer (36) ;
Bonnet est finalement *arrêté* par la Gestapo (49-52).

Les adieux (KV 19)

Die Schlussszene ist nach Louis Malle – der sie als erste verfasst hat – das Herzstück des Films. Die eindringliche Wirkung des Filmschlusses beruht zum einen auf den tragischen Ereignissen selbst, zum anderen auf der Enthüllung der Identität von Julien / Louis Malle.
Die Mitschau dieser Szene braucht nicht inhaltlich vorentlastet zu werden, die suggestiv-emotionale Kraft der Bilder wird ihre Wirkung auf die Schüler/innen nicht verfehlen.

1 Etrangers, dehors !

1 C'est une formule (égocentrique !) très mal choisie :
1) Müller parle des juifs de France ... qui ont alors la nationalité française et ne sont donc *pas* des étrangers.
2) Pour les Français auxquels il s'adresse, c'est *lui* et les autres occupants allemands qui sont les étrangers dont la France aimerait se débarrasser !

2 La représentation des Allemands est complexe dans son ensemble et différente des clichés de beaucoup de films de guerre.
– Le *caporal* des scènes 29-31 est un bon catholique qui aime les enfants, parle bien français et a le sens de l'humour.
– L'*officier* du restaurant (scène 36) est ivre (≠ la fameuse discipline allemande !) et il « défend » un juif !
– Seul *Müller,* l'homme de la Gestapo, est un nazi « pur et dur », antisémite et sans scrupules.
– Les autres soldats obéissent aux ordres sans états d'âme.

2 Derniers regards

1 Eléments de réponse :
Julien : incompréhension, tristesse, sentiment de perdre un ami exceptionnel pour toujours ;
Bonnet : douleur profonde, résignation, adieux au monde « libre ».

2 Exemples :
scène 1 : regards entre Julien et sa mère (voir KV 1).
scène 32 : regards de connivence entre Bonnet et Julien quand ce dernier raconte des mensonges sur leur aventure dans la forêt ;
scène 34 : échange de regards entre Bonnet, Julien et le Père Jean quand celui-ci refuse de donner l'hostie à Bonnet (message : « On partage un secret. ») ;
scène 35 : après s'être battus, Bonnet et Julien se regardent et rient (message : « On se bat, mais c'est pour rire, on est des amis. ») ;
scène 49 : le regard de Julien qui « trahit » Bonnet est un regard de solidarité, de compassion (message : « J'espère qu'ils ne vont pas t'identifier. »).

3 Des événements lourds de conséquences

1 On apprend indirectement que le personnage de Julien représente l'auteur Louis Malle quand il était enfant (et donc que le film est autobiographique).

2 L'expérience vécue par Louis Malle en 1944 était en totale contradiction avec les valeurs bourgeoises et catholiques du milieu dans lequel il avait grandi. Cela l'a profondément choqué et a provoqué une sorte de révolte, de rupture avec le monde privilégié de son enfance. C'est justement parce que ces événements ont été particulièrement traumatisants pour lui qu'il lui a longtemps été très difficile d'en parler, et donc de faire un film sur ce sujet.

III Nach der Lektüre / der Filmvorführung

La symbolique du film (KV 20)

Man kann unmittelbar vor (oder nach) dem Austeilen dieser KV den Schülern die Szene 2 erneut zeigen mit folgendem "Suchauftrag": *Qu'est-ce qui, dans cette scène, vous semble avoir un caractère symbolique ?* (Mögliche Antworten: *le voyage, le train, le paysage, la fenêtre, la musique, etc.)* Am Beispiel des Zuges lassen sich anschließend die unterschiedlichen Formen symbolischer Verweise aufzeigen (siehe Info-Kästchen und Beispiele).

1 *Scène 29 :* Le *jeu de piste* avec deux groupes d'élèves qui se poursuivent et se combattent symbolise la guerre entre Allemands et Français (voir aussi le vocabulaire paramilitaire : la patrouille, le combat, les prisonniers, attaquer, encercler, etc.). Le fait que Bonnet est fait *prisonnier* par les « rouges » renvoie à son arrestation à la fin du film.
La *forêt,* dans laquelle les deux garçons se sont perdus, symbolise le monde extérieur, c'est-à-dire un monde étrange(r) et un peu hostile (contrairement au petit monde « intérieur » du collège – voir question 4). La *solitude* des deux garçons perdus dans la forêt est aussi le reflet de l'isolement de Jean Bonnet en tant que juif dans un monde dirigé par des antisémites.
– *Scène 34 :* La *communion* renvoie directement à la communion de Jésus Christ avec ses disciples juste avant son arrestation et son exécution. Cette scène renvoie aussi à l'arrestation (et la mort) du Père Jean et des trois enfants juifs.
– *Scène 39* : Le titre du film et le bateau renvoient au désir de *partir,* de quitter un milieu hostile ou incertain (pour Bonnet : un milieu hostile aux juifs). La statue de la *Liberté* symbolise le désir de tous les Français (juifs ou non) de vivre de nouveau dans un pays libre.

2 a) Nette dominance du noir et des couleurs sombres : gris, bleu foncé, vert foncé (très peu de rouge, de jaune et de couleurs vives).
b) Die Mehrzahl der Assoziationen werden negativ besetzt sein. Sie sollen an der Tafel notiert werden, um zur Lösung von Aufgabenteil c beitragen zu können.
c) Un film en couleur *(Farbfilm),* parce que les spectateurs de 1987 n'aiment plus les films en noir et blanc ; mais un film sans couleurs *vives,* pour mieux reproduire l'atmosphère de grisaille de l'époque et pour mieux exprimer la « noirceur » du sujet.

3 a) Réponses individuelles.
b) *chaud / chaleur :* sensuel, vif, tendre / la tendresse, le bien-être, la passion, l'enthousiasme, etc.
froid / froideur : calme, indifférent, insensible, sévère, dur, sec, distant / la distance, etc.
c) Man kann arbeitsteilig nach Kälte und Wärme im Textbuch suchen lassen.
Le froid : scènes 2 (dans le train), 5 (Bonnet se lave), 12 (le prof porte une canadienne et des gants), 21 (sortie du bain municipal), 29 (le jeu de piste), 53 (l'appel dans la cour), etc.
Le chaud : scènes 1 (la fourrure de Mme Quentin), 27 (conversation près du poêle), 30 (à deux sous la même couverture), 47 (Julien et Jean font rôtir des châtaignes). (La « chaleur » est aussi introduite par la musique : scènes 39, 45.)
C'est le froid qui domine largement (au sens propre : l'histoire se passe en janvier ; au sens figuré : froideur du milieu et de l'époque). Par effet de contraste, les moments « chauds » sont des moments très intenses dans le film.

4 a)

dedans :	*dehors :*
– le collège (un lieu protégé, des valeurs morales)	– forêt, bains, restaurant (un monde dangereux, où tout est possible)
– la salle de classe (les règles, la discipline, l'égalité entre les élèves)	– la cour (une relative liberté, la loi du plus fort)
– l'intégration au groupe (les élèves d'une classe)	– l'exclusion du groupe (Bonnet, Joseph)
– les sentiments (l'amitié, la peur, etc.)	– les comportements (rituels, provocations, etc.)
→ *chaleur* ou *sécurité*	→ *froideur* ou *danger*

b) *portes* : entrée / sortie, transition entre deux mondes, ouverture (libération, entrée dans un nouvel univers) ou fermeture (exclusion, séparation – provisoire ?)
fenêtres : voir et être vu « de l'extérieur », observer un autre monde (duquel on est exclu / auquel on n'a pas encore accès, p. ex.), découvrir qc de secret, etc.
Quelques exemples : p. 26, 53, 70, 82, 139, 148, 161, 166.
c) Réponses individuelles.
Ce tableau de Magritte a pour titre *Le poison.*

Mögliche Zusatzaufgabe :
Den Schülern werden die zwei Klavier-Stücke dargeboten, die in Szene 16 resp. 45 von Bonnet und Julien gespielt werden, und zwar das *Moment musical Nr. 2* von Franz Schubert und ein solo-Boogie-woogie aus den 30er bzw. 40er Jahren (ideal aber schwer zu finden : Stücke von Meade Lux Lewis, Pete Johnson, Albert Ammons ; zur Not von Count Basie, Fats Domino, Memphis Slim oder anderen). Bei jedem Musikstück lassen die Schüler ihren Assoziationen freien Lauf (oder: der Lehrer / die Lehrerin gibt Impulse in Form von Fragen, z.B.: *Qu'est-ce que cette musique semble exprimer ? Quels sentiments ou réactions fait-elle naître en vous ?)*

Adieu, l'enfance (KV 21)

1 Réponses individuelles.

2 Eine Metaplan-Wand (mit Karten unterschiedlicher Farbe) wäre für das Sammeln der Ergebnisse hilfreich. Sinngemäß wird sich Gruppe b wahrscheinlich in den Ergebnissen von Gruppe a und c wiederfinden.

Quelques éléments de réponse :

l'enfance (a/b)	*le monde des adultes (b/c)*
jouer, s'amuser,	travailler,
les bêtises,	être sérieux,
l'insouciance,	prendre des décisions,
aucune responsabilité,	prendre ses responsabilités,
se permettre des erreurs,	penser aux autres,
vivre au jour le jour,	penser à l'avenir,
la naïveté,	avoir de l'ambition, etc.

3 a) Quelques exemples :
les plaisanteries des élèves autour du nom de Bonnet (p. 18, 25, 42) ou de celui du Père Michel (p. 44) ;
toutes les « petites misères » faites à Bonnet ou à Joseph (p. 18, 21, 27, 37, 38, 43, 47, 87) ;
Julien qui est encore « dans les jupes de sa mère » et qui pisse au lit, etc.
b) Bonnet est plus mûr, il paraît plus adulte. Il s'intéresse plus aux cours, à la littérature et à la musique qu'aux discussions (quelquefois idiotes) des autres élèves. Il semble assez sûr de lui et indépendant de l'opinion des autres (il ne cherche pas à cacher que son père n'était « que » comptable ou que sa mère fait elle-même la cuisine, p. ex. – p. 63 et 128).

4 a) – *rester maître de soi* dans des situations difficiles : le prof de maths continue son cours dans la cave pendant le bombardement ; le Père Michel cache sa propre peur et essaie de calmer les enfants ; le maître d'Hôtel reste calme quand François le provoque (p. 112) ou quand le milicien le menace (p. 117) ; M. Meyer reste calme quand il est insulté (p. 116) ;
– *prendre la défense des plus faibles :* le Père Jean cache des juifs et des réfractaires au collège ; des clients du restaurant prennent la défense de M. Meyer (p. 118) ; Moreau essaie de sauver Négus (p. 156) ;
– *éduquer la jeunesse :* tous les Pères et les profs du collège ; aussi : Mme Quentin face à ses fils (p. 11, 123) et Müller face aux élèves (p. 164) ;
– *prendre ses responsabilités* /des décisions difficiles : le Père Jean doit renvoyer Joseph ;
– *faire la démonstration de son pouvoir* :
les miliciens face au Père Jean (p. 69), à M. Meyer (p. 116) et au maître d'hôtel (p. 117) ; l'officier allemand face au vieux milicien (p. 119) ; Müller face aux Pères et aux élèves ;
– *faire impression sur l'autre sexe* : l'officier allemand face à Mme Quentin ; aussi : François face à Mlle Davenne, Joseph face à « la femme du docteur » (p. 33).

b) Eléments de réponse :
– Les enfants sont souvent spontanés et laissent libre cours à leurs *émotions ;* les adultes savent (parfois) les dominer, ils ont souvent tendance à les cacher.
– Les enfants n'ont encore qu'une pratique trés limitée de la *sexualité*, contrairement aux adultes, dont le comportement dépend (parfois / en partie) de la sexualité.
– Les enfants ne reconnaissent pas toujours les *dangers* qui les menacent ou n'y font pas attention ; les adultes prévoient le danger et cherchent à l'éviter (il arrive aussi que leur peur du danger les rende incapables d'agir).
– Les enfants ne se sentent pas *responsables* de ce qu'ils font (« Je ne l'ai pas fait exprès ») ; tous les adultes doivent porter la responsabilité de leurs propres actes, beaucoup prennent aussi des responsabilités pour d'autres personnes (des enfants, surtout).

5 « François-adulte » a pris ses distances avec son père et avec sa mère (à laquelle il n'obéit plus), il discute de philosophie et de religion, il fume, flirte avec Mlle Davenne, conseille son frère en matière de sexualité, etc.
« François-enfant » se bat avec Julien dans la rue (p. 125) ; il agit sans se soucier des conséquences et sans porter la responsabilité de ses actes (sa participation au marché noir mène au renvoi de Joseh ; il injurie le milicien).
« Joseph-adulte » porte un costume d'homme, il a organisé un vrai petit réseau de marché noir, il parle beaucoup de femmes, il est au courant de secrets (p. 71).
« Joseph-enfant » court après une fille, pleurniche quand il est renvoyé (p. 138), se venge sans réfléchir aux conséquences et en rejetant la faute sur les autres (KV 17, exercice 3.3.a).

6 Julien perd sa « naïveté »: il vit la fin de son enfance.
– Il se rend compte que le *mal* existe (en particulier sous les traits d'un « copain » qui a trahi).
– Il prend conscience qu'il porte la *responsabilité* d'un acte très grave parce qu'il n'a pas su se contrôler.
– Il fait face à l'évidence de la *mort.*

7 Réponses individuelles.

Un film à clés (KV 22)

1 Réponses individuelles. *Points de repère* du scénario :
Jean Kippelstein est fils unique dans une famille qui vit à Marseille (*la photo devant le château d'If*, p. 77).
Son père est *comptable* (p. 63).
1941-1942. Jean est au *collège Jules Ferry* de ... (p. 78).
1942. Son père est fait *prisonnier* (p. 81, 144) par les Allemands. Jean et sa mère s'en vont alors vivre à ...
En 1943, la mère de Jean vit *cachée dans les environs de Lyon* (la lettre, p. 55), avec sa tante.
Quelqu'un (*Monsieur D.?*) l'a mise en contact avec le Père Jean, à qui elle a confié son fils.
Janvier 1944. Jean Kippelstein entre sous le nom de *Bonnet* au collège du couvent des Carmes (p. 15).

2 le choix du faux nom « Bonnet » ;
la personnalité « différente » et secrète de Bonnet et le fait qu'il est un brillant élève ;
la curiosité puis l'amitié entre les deux garçons ;
la date et les circonstances de l'arrestation ; la déportation puis la mort des trois enfants et du supérieur du collège.

3 a) Hans-Helmut Michel a eu une enfance particulièrement pénible : un père qui s'est suicidé, une mère déportée, plusieurs changements de domicile dans des pays différents, les réactions antisémites, le sentiment d'être chassé par les nazis, la séparation de sa sœur… Il arrive au collège seul, sans doute déprimé, mais avec l'espoir de pouvoir enfin vivre en paix.
b) Ses expériences ont rendu Bonnet méfiant : il sait qu'il doit se cacher des Allemands (il est inquiet ou pris de panique quand il voit des Allemands armés : scènes 7 et 29), il sait aussi qu'il doit cacher aux autres sa véritable identité et ce qui est arrivé a ses parents. C'est pour protéger ce secret qu'il évite de répondre directement aux questions de Julien (scène 27) ou qu'il ment (quand il dit qu'il est protestant, p. ex).

4 sa fonction de Supérieur du collège des Carmes ; son énergie et ses principes pédagogiques (importance de l'éducation physique, des jeux, des promenades en forêt) ; le fait qu'il accueille trois enfants juifs et un professeur recherché par les Allemands ; son arrestation, sa déportation et sa mort à Mauthausen.

5 a) – Malle a changé les *noms* des personnages. (Le film est autobiographique, mais ce n'est pas un documentaire. Et *Kippelstein* fait plus « juif » que *Michel*.)
– Contrairement à H.-H. Michel, Jean Kippelstein n'est pas un juif *allemand* : 1. il parle français sans accent, 2. sa mère lui écrit en français. (Pour faciliter l'identification des spectateurs français au personnage ?)
– Le *contexte familial* de Jean Kippelstein ne correspond pas à celui de H.-H. Michel : profession du père, une sœur, la mère arrêtée en 1942 – dans le film : le père de Jean Kippelstein. (Louis Malle ne connaissait peut-être pas l'histoire de la famille Michel.)
– Dans la réalité, c'est le jeune Malle qui arrive comme *nouvel élève* au collège, dans le film, c'est Bonnet (ce qui permet de mieux mettre en valeur le côté « marginal » du personnage).
– Autres détails : Dans la réalité, l'histoire se passe dans une classe de 5e (dans le film : une classe de 4e) et le Supérieur emploie un professeur *juif* (pas un réfractaire).
b) Réponses possibles :
Au-delà du cas individuel de Bonnet, c'est l'horreur de la persécution des juifs qui est mise en scène. / Au-delà du cas de Joseph, le mal dont l'homme est capable quand il ne connaît plus que la frustration. / Au-delà du cas de Julien, la découverte que le mal fait partie de ce monde. / Un monde complexe où cohabitent les sentiments les plus nobles et les crimes les plus horribles. / etc.

La critique (KV 23)

1 (et 3) Solutions individuelles.

2 a) Pour l'auteur de l'article, le film est d'abord l'histoire d'un *souvenir d'enfance* de Louis Malle : l'histoire d'une amitié et de sa brusque fin dans le monde « froid » et rigide de l'internat.
C'est aussi une *peinture de l'époque* de l'occupation : une peinture réaliste qui évite les clichés habituels sur les Allemands.
C'est enfin une *confrontation avec le mal* (le racisme), vu par les yeux d'un enfant.
b) Un « *classique* du cinéma français » qui impressionne surtout par la *sincérité* du réalisateur et qui constitue un *témoignage* de grande valeur.

Auschwitz, connais pas ! (KV 24)

Diese Umfrage sollte ohne Kenntnis der Ergebnisse vorab mit den Schüler/innen durchgeführt und ausgewertet werden. Zu diesem Zweck könnte Aufgabe 1 entweder mündlich gestellt werden oder aber auf Folie für den Tageslichtprojektor kopiert werden.

Réponses possibles pour 2 b) :
– Les jeunes Allemands et les jeunes Français sont encore mal informés sur l'Holocauste (grand nombre de « sans réponse » aux deux premières questions).
– La majorité des jeunes Français et Allemands souhaitent être mieux informés sur l'Holocauste (4e question).
– Pour les jeunes Allemands, la liberté d'expression est plus importante que la condamnation des thèses révisionnistes. Pour les jeunes Français, c'est le contraire !

Le devoir de mémoire (KV 25)

Lange Zeit galt in Frankreich die "Staatsdoktrin", die Republik sei in der Okkupationszeit von 1940 bis 1944 durch die deutsche Besatzung außer Kraft gesetzt und die Verbrechen der Vichy-Regierung (darunter die Judenverfolgung) seien auf Befehl der Nazis verübt worden.
Erst Jacques Chirac hat mit diesem Staats- und Geschichtsverständnis gebrochen, als er am 16. Juli 1995, anlässlich des 53.Jahrestags der "*Rafle du Vélodrome d'Hiver*" eine Rede gehalten hat, in der die Verantwortung des französischen Staates für die an den Juden in Frankreich begangenen Verbrechen klar zum Ausdruck kommt. (Der Text von KV 25 stammt aus dieser Rede.)
1997 hat sich Premierminister Lionel Jospin diesem Schuldbekenntnis angeschlossen und ein Gesetz auf den Weg gebracht, das die Entschädigung jüdischer Waisen vorsieht, deren Eltern unter französischer Mitwirkung deportiert und in deutschen Konzentrationslagern umgekommen sind.

1 un esprit d'*autocritique* : la France a commis une faute grave et elle reconnaît qu'elle en porte la responsabilité.

2 a) Le matin du 16 juillet 1942, dans la région parisienne, la police et la gendarmerie françaises ont arrêté près de 10 000 hommes, femmes et enfants juifs. Ils les ont conduits au Vélodrome d'hiver, où ces personnes ont passé plusieurs jours avant d'être emmenées dans des camps de transit (puis, pour beaucoup, dans les camps de la mort). Ces juifs étaient (auraient dû être !) les *protégés* de la France, les *bourreaux* étant bien sûr les nazis.
b) Le président de la République accuse le régime de Vichy de n'avoir pas respecté les Droits de l'Homme.
c) Une autorité « de fait » n'est pas une autorité « de droit » : elle n'est *pas légitime.* Cette autorité est « dite » Gouvernement de l'Etat français : elle n'a donc pas le droit de porter ce nom et de représenter l'Etat français.

3 a) Il parle des intégristes *religieux* mais aussi des extrémistes *politiques* (l'extrême-droite raciste, par exemple) et des fanatiques de tout bord.
b) par l'idéologie et les activités de l'extrême-droite : racisme et antisémitisme, thèses révisionnistes et autres provocations.
c) Le président de la République appelle à la *vigilance.* Il faut *refuser d'être témoin ou complice* d'actes inacceptables.
Concrètement (p. ex.) : refuser d'écouter des paroles racistes ou antisémites ; protester ouvertement ; prendre la défense de ceux qui sont victimes d'attaques verbales ; appeler la police quand ces attaques risquent de devenir plus graves encore ; etc.

4 Il fait allusion aux massacres, commis par des extrémistes dans l'ex-Yougoslavie (Croatie, Bosnie, Kosovo) et en Tchétchénie.
Parallèles : ce ne sont pas des actes militaires, mais des crimes qui visent des civils ; ce sont des massacres organisés afin d'éliminer de façon systématique une partie de la population « coupable » d'avoir une religion ou une ethnie différente.

Pour aller plus loin (KV 26)

Lacombe Lucien et Au revoir les enfants: étude comparée

1 a) La fin de la Seconde Guerre mondiale peu avant la Libération : une époque de *transition,* pendant laquelle on ne sait plus ou pas encore qui sera le vainqueur.
Une époque un peu trouble aussi, favorable à l'*opportunisme,* ce qui fait qu'il n'est pas très facile de porter des jugements clairs sur les acteurs et les événements.
b) Il y a, dans les deux films, un panorama presque complet des groupes sociaux et politiques de l'époque : collaborateurs, résistants, juifs, représentants de la bourgeoisie et autres.
Lacombe Lucien est un collaborateur, les personnages d'*Au revoir les enfants* font surtout partie des victimes.

2 a) Lucien et Joseph sont d'origine modeste et viennent d'un milieu défavorisé. Joseph est humilié par les enfants riches du collège, Lucien se sent humilié par son Peyssac qui refuse de l'accueillir dans la Résistance. C'est en partie pour se venger et en partie pour qu'on les respecte enfin qu'ils trahissent. Tous deux profitent aussi de leur nouveau statut pour avoir plus d'argent.
b) M.Horn et M.Meyer sont des juifs âgés et relativement aisés. Ils gardent leur dignité même dans les situations les plus difficiles (contrôle de papiers au restaurant / arrestation de M. Horn au bureau de la Gestapo).

3 La mort (de Lucien / des enfants juifs et du Père Jean) n'est *pas* montrée, elle est seulement mentionnée par un texte sur l'écran / par une voix off.
La fin est préparée par la dramaturgie (qui montre la progression du danger) et par l'utilisation de symboles (l'oiseau tué / le train). Moments d'espoir : La scène idyllique à la ferme / la projection du film de Chaplin.

4 Dans les deux cas, des expériences personnelles de Louis Malle l'ont amené à faire les films. Dans *Lacombe Lucien,* il a transposé dans la France de 1944 deux épisodes récents vécus en Algérie et au Mexique, dans *Au revoir, les enfants,* un sujet qui l'a fortement marqué, il a choisi la forme du récit autobiographique.

Der Vergleich zwischen diesen zwei filmischen Werken könnte in Projektform vertieft werden (eventuell als fächerverbindendes Projekt mit den Fächern Geschichte und Religion / Ethik).

Projets

Je nach zur Verfügung stehender Zeit kann Projekt 1 dahingehend erweitert werden, dass Filmmaterial zum Thema einbezogen wird, z.B:

- Claude Lanzmann, *Shoah,* 1985
- Claude Chabrol, *L'œil de Vichy,* 1993
- Patrick Rotman, *Les brûlures de l'Histoire. Vichy et les Juifs, 1940-1944* (série *Les Dossiers de l'Histoire,* France3).
- *L'Occupation. XXe siècle* (montages d'archives), Centre National de documentation pédagogique, Sèvres,1994
- Finger/Karel, *Opération « Vent Printanier »* (sur la rafle du Vél. d'Hiv.), Le Cinéma de l'Histoire.

Wenn sich das zeitlich-organisatorisch einrichten lässt, stellt der Besuch einer französischen Gedenkstätte einen Höhepunkt solcher Projekte dar, z.B.: Camp de Drancy (15, rue Arthur Fontaine, 93700 Drancy) oder Maison des enfants d'Izieu (à Izieu, entre Lyon et Chambéry).

Ausgewählte Literatur zu Projekt 3:

- Maryvonne Braunschweig, Bernard Gidel, *Les déportés d'Avon : Enquête autour du film de Louis Malle Au revoir les enfants,* Editions La Découverte, 1989.
- Ph. French, *Conversations avec L. Malle,* Denoël, 1993.
- Jacques Valot, *Au revoir les enfants – Plus qu'un au revoir...* La Revue du Cinéma N° 431, octobre 1987.

Premiers regards

1 « Au revoir, les enfants »

« Au revoir, les enfants. » Par groupes de deux, cherchez des situations dans lesquelles quelqu'un pourrait prononcer ces paroles. Trouvez plusieurs situations aussi originales que possible (mais restez réalistes !) et caractérisez chaque situation par quelques mots-clés.

Situation 1 : ____________________

Situation 2 : ____________________

Situation 3 : ____________________

Situation 4 : ____________________

2 Face à face

1. Regardez les deux photos. Spontanément, qu'est-ce qu'elles vous inspirent ?
2. Décrivez les deux personnages. Quels sentiments leur visage semble-t-il exprimer ?
3. Inventez un contexte :
   - Qui sont ces personnes et quels rapports ont-elles l'une avec l'autre ?
   - Qu'est-ce qui vient de se passer ou qu'est-ce qui va se passer juste après ?
   - Qu'est-ce que ces deux personnes pourraient se dire ? (Remplissez les deux bulles.)

En route ! (scènes 1+2)

2

Phase 1

Formez deux groupes d'au moins 5 élèves chacun. Le groupe A reste dans la salle de cours, le groupe B va dans une autre pièce (bibliothèque, p. ex.).

Groupe A

1 Regardez deux ou trois fois les deux premières scènes du film *Au revoir, les enfants*, mais <u>sans</u> le son. Essayez de comprendre ce qui se passe.

2 Vous allez devoir représenter cette scène sans paroles, soit avec des gestes, soit sous forme d'une série de « tableaux figés » (voir ci-contre). En groupe, préparez cette représentation : Reproduisez bien les gestes les plus « typiques » et essayez de faire comprendre qui sont les personnages, ce qu'ils font, ce qu'ils expriment.

Groupe B

1 Remplissez chacun le questionnaire « L'école et vous » (feuille 3).

2 En groupe, rassemblez et analysez les réponses au questionnaire et préparez la présentation orale des résultats (prenez des notes, mais ne rédigez *pas* un texte complet !) Revenez ensuite dans la salle de classe.

Les « tableaux figés »

– Repérez les « moments-clés » des scènes à représenter : A chacun de ces moments correspond un tableau.
– Les participants prennent exactement la place et la pose des personnages à ce moment précis (un élève par personnage ; dans certains cas, un élève peut représenter un élément du décor).
– Pendant la « construction » du tableau, les spectateurs gardent les yeux fermés. Quand le tableau est prêt, ils ouvrent les yeux et les participants restent immobiles pendant environ dix secondes.
– Les spectateurs referment les yeux pendant que les participants prennent la pose pour le tableau suivant.

Phase 2

Groupe A :

Devant vos camarades du groupe B, représentez (sans parler !) les scènes que vous avez vues sur la vidéo.

Groupe B

Après la représentation, formulez une série d'*hypothèses* sur ce que vous venez de voir, par exemple au sujet du lieu qui sert de cadre, des personnages (nombre, caractéristiques, comportements), de l'action qui a été représentée, de l'atmosphère de la scène, etc. Vos camarades du groupe A doivent alors confirmer ou bien réfuter chacune de ces hypothèses.

Phase 3

Groupe A

1 Allez dans une autre pièce et remplissez chacun le questionnaire « L'école et vous » (feuille 3).

2 Travail de groupe : Regroupez et analysez les réponses au questionnaire et préparez la présentation orale des résultats (prenez des notes, mais ne rédigez *pas* un texte complet !) Revenez ensuite dans la salle de classe.

Groupe B

Ecoutez deux ou trois fois les deux premières scènes du film *Au revoir, les enfants*, mais <u>sans</u> en regarder les images. A l'aide des sons et des dialogues ainsi que des réponses obtenues dans la phase 2, reconstituez le cadre et l'action de ces deux scènes et rédigez un script de ces scènes (un « script » ne contient pas seulement les dialogues ; on y trouve aussi – entre autres – des indications sur le cadre, les atmosphères sonores, etc.).

Phase 4

1 Regardez tous ensemble les deux scènes avec le son *et* l'image.
   a) Comparez l'original avec la représentation muette du groupe A et avec le script du groupe B : Que constatez-vous ?
   b) En quelques mots, faites le portrait des personnages principaux (âge, milieu social, etc.).

2 Lisez maintenant le scénario de la scène 1, pages 9-12. Qu'y apprend-on sur l'époque à laquelle l'action a lieu ?

3 a) Quel genre de relations les deux personnages principaux ont-ils ? Relevez les paroles et les gestes caractéristiques.
   b) Comment faut-il comprendre la phrase de Julien « *Papa, je m'en fous. Vous, je vous déteste.* » (page 10) ?

4 Dans la scène du train (scène 2), comparez le comportement de Julien à celui de ses camarades.

5 a) *Deux représentants de chaque groupe :* Présentez les résultats de votre analyse des réponses au questionnaire (KV 3).
   b) *Toute la classe :* Parmi toutes les propositions qui ont été faites en réponse à la question 7 du questionnaire, choisissez-en trois qui, selon vous, permettraient d'améliorer la vie de tous les jours au lycée. Pour chacune de ces trois propositions, dites si elle vous paraît réalisable et, si oui, dans quelles conditions.

L'école et vous

3

Le questionnaire suivant est anonyme : répondez aussi honnêtement que possible ! Ne cochez qu'une seule case, sauf aux questions 2 et 7. Si aucune des réponses proposées ne convient, cochez celle qui vous semble la moins éloignée de votre opinion.

1 Dans l'ensemble, que pensez-vous de votre lycée ?
❍ Plutôt agréable. ❍ Il y a du bon et du mauvais. ❍ C'est l'horreur !

2 A l'école, qu'est-ce qui vous donne le plus de satisfaction ? *(plusieurs réponses possibles)*
❍ Avoir de bonnes notes.
❍ Chahuter ou énerver les profs.
❍ Avoir bien compris un cours.
❍ Etre meilleur que les autres.
❍ Avoir une conversation intéressante avec un(e) camarade de classe.
❍ En groupe, arriver à faire un exercice ou un devoir difficile.
❍ Sentir qu'un professeur veut vraiment m'aider.
❍ Participer aux activités parascolaires (= en dehors des cours).

3 Pour vous, est-il nécessaire d'être reconnu(e) par vos camarades de classe ?
❍ Oui, et je veux être respecté(e) par toute la classe.
❍ Oui, je veux être reconnu(e) et apprécié(e) par tous ceux que j'apprécie moi-même.
❍ Il me suffit d'être apprécié(e) par un ou deux bons copains / une ou deux bonnes copines.
❍ Non, ça n'a pour moi aucune importance.

4 Dans votre classe, vous êtes plutôt quelqu'un …
❍ qu'on suit. ❍ qui suit le mouvement. ❍ à qui on demande conseil.
❍ qu'on admire. ❍ qui amuse les autres. ❍ qu'on ne respecte pas assez.

5 Est-ce qu'il vous est déjà arrivé d'avoir peur de certains camarades de classe ?
❍ Jamais. ❍ Très rarement. ❍ De temps en temps. ❍ Souvent.

6 Pendant votre scolarité, est-ce qu'il y a eu des événements marquants (agréables ou désagréables) que vous n'oublierez probablement jamais ? ❍ Aucun. ❍ Un seul. ❍ Plusieurs.

7 Si vous deviez recommencer votre scolarité, qu'est-ce que vous aimeriez y changer ?
Faites trois ou quatre propositions (en commençant par la plus importante) :

____

____

____

____

8 Pour vous, est-il important d'être reconnu(e) par vos profs ?
❍ Oui, c'est toujours agréable d'être reconnu, surtout par un prof.
❍ Oui, mais seulement par les profs qui sont vraiment sympas.
❍ Oui, si ça aide à avoir de bonnes notes.
❍ Non. Ça m'est complètement égal.

9 Qu'est-ce que vous voulez par-dessus tout cacher à vos profs ?
❍ Mes lectures. ❍ Mes problèmes familiaux. ❍ Mes projets d'avenir.
❍ Mes rêves. ❍ Mes problèmes de cœur. ❍ Mes faiblesses.

10 Quand un nouvel élève arrive dans votre classe, quelle est, généralement, votre première réaction ?
❍ L'ignorer. ❍ Le surveiller et attendre une bonne occasion de tester ses réactions.
❍ Le provoquer ouvertement pour voir s'il sait se défendre. ❍ Aller vers lui et lui souhaiter la bienvenue.

Vocabulaire I (scènes 1-13)

4

Les numéros renvoient aux pages de l'édition folio *du scénario.*

9 **un flot** – *ici:* une foule en mouvement
un chandail – un pullover
une fourrure – Pelz(mantel)
se maquiller – sich schminken
10 **le mardi gras** – Faschingsdienstag
mes hommages! – meine Verehrung!
11 **un crétin** – un idiot
ne pas sentir qn – ne pas aimer qn
étreindre – embrasser
éperdu,e – fou
agiter qc – faire bouger qc
rejoindre qn – venir retrouver qn
se faire des mamours *fam* – schmusen
une bouffée (de cigarette) – Zug
un mégot – un reste de cigarette
12 **la barbe de maïs** – Maishaar
s'agenouiller – se mettre à genoux
un corsage – (Frauen)Bluse
chuchoter – flüstern
la nuque – Nacken
se déguiser – sich verkleiden
13 **givré,e** – vereist
diluer – *ici:* verschleiern
défiler – *ici:* vorbeigehen
peiner – *ici:* mühsam schnaufen
le revers de la main – Handrücken
14 **bourré,e** – très plein
une semelle – Schuhsohle
une bottine – une sorte de chaussure
désœuvré,e – qui n'a rien à faire
une bure – Mönchskutte
rondouillard,e – assez gros (→ rond)
zézayer – lispeln
15 **les vaches** *fam* – wie gemein von ihnen
un couvent – Kloster
un dortoir – Schlafsaal (→ dormir)
un casier – Fach
un placard – Wandschrank
16 **un échalas** – qn de grand et maigre
confisquer qc – beschlagnahmen
un poêle [pwal]– Ofen
les nichons *m, fam* – Busen
(faire) gaffe *fam* – (faire) attention
17 **la coqueluche** – Keuchhusten
18 **fuser** – hervorsprudeln
un bonnet de nuit – Schlafmütze
enfiler – mettre (un vêtement)
19 **s'éteindre** – ausgehen
une coupure – *ici:* Stromausfall
appliquer – *ici:* mettre
rauque – *pour une voix:* rau, heiser
20 **s'enfoncer** – *ici:* se mettre (dans qc)
faire semblant de (faire qc) – so tun als ob
s'ébrouer – prusten, sich schütteln
une stalactite – *ici:* Eiszapfen
un rebord – Ablage
éclabousser – bespritzen
une mauviette *fam* – qn de faible
21 **glisser qc** (dans qc) – mettre
le col – Kragen
une travée – une rangée de bancs
l'autel *m* – Altar
une robe d'officiant – Messgewand
les stalles *f* – Chorgestühl
osciller – schwanken
un vertige – Schwindel(gefühl)
vaciller – wanken
évanoui,e – in Ohnmacht
se précipiter – arriver rapidement
22 **frisé,e** – kraus, lockig
un rouquin – qn aux cheveux roux
bouffer *fam* – manger
à jeun [ʒɛ̃]– sans avoir mangé
un lèche-cul *fam* – Arschkriecher
ressusciter – auferwecken
23 **entonner** – commencer à chanter
un offertoire – Offertorium
douloureux, -euse – schmerzhaft
une engelure – Frostbeule
péremptoire – (selbst)sicher
des gants *m* – Handschuhe
la houle – Wellengang
24 **une nappe** – (Tisch)Decke
l'écume *f* – *ici:* Gischt
un grenier – Speicher, Dachboden
comblé,e – bien rempli
une chape – *ici:* la surface
désassemblé,e – *ici:* gelöst
la lassitude – la fatigue
une rempailleuse – Stuhlflechterin
méritant,e – verdienstvoll
25 **Dubonnet** – *une marque d'apéritif*
spirituel,le – amusant (→ l'esprit)
26 **un compas** – Zirkel
faire de la barre fixe – am Reck turnen
27 **les échasses** *f* – Stelzen
empoigner – packen
infliger un tape-cul à qn *fam* – jdn mehrmals mit dem Hintern auf den Boden fallen lassen
le bizutage – *Brauch, nach welchem neue Schüler schikaniert werden*
se tortiller – sich winden
feinter – eine Finte machen
charger – *ici:* rempeln
crocheter – *ici:* einhaken
sautiller – hüpfen (→ sauter)
28 **égratigné,e** – aufgeschürft
crispé,e – verzerrt
se retenir – sich zurückhalten
un salaud *fam* – gemeiner Hund
défier qn – jdn herausfordern
crépu,e – kraus
costaud,e *fam* – fort, robuste
un félon *vx* – un traître
un orphelin – un enfant dont les parents sont morts
29 **une joute** – Lanzenstechen
médiéval,e – mittelalterlich
un moricaud – Mohr, Maure
l'orgueil *m* [ɔʀgœj] – Stolz
bouter *litt* – repousser, chasser
un Sarrasin – Sarazene
le lard – Speck
la faconde – Redseligkeit
la galerie – *ici:* le public, les élèves
30 **agacé,e** – leicht genervt
la gueule *fam* – le visage
se disperser – auseinandergehen
à regret – widerwillig (→ regretter)
31 **une plaie** – Wunde
un sparadrap – Pflaster
une tractation – Verhandlung
arracher – *ici:* entreissen
claudiquer – hinken
32 **manigancer** – aushecken
une patate *fam* – une pomme de terre
malingre – faible, de mauvaise santé
un titi *fam*– un jeune garçon (de Paris)
effronté,e – ≠ timide
le bagout – Zungenfertigkeit
l'épluchage *m* – Schälen
un morveux – Rotznase
33 **raffoler de qc** – aimer beaucoup qc
caler – *ici:* bien remplir
les ovaires *m* – Eierstöcke
34 **la paille** – Stroh
le fer-blanc – Weißblech
les rillettes *f* – Schweinefleischpastete
35 **l'anémie** *f* – Blutarmut
36 **un Stylite** – Säulenheiliger (frühchristlicher Eremit)
le chahut – le tumulte
à la cantonade – an alle Anwesenden gerichtet
37 **lécher** – ablecken
38 **faire une clé à qn** – jdm den Arm nach hinten verdrehen
brandir qc – schwenken
une salope *fam* – Flittchen
une fiancée – Verlobte
39 **une tête de turc** – Prügelknabe
de fortune – improvisé, provisoire
40 **dégueulasse** *fam* – horrible
41 **une balle** – *ici: fam* un franc
un rond *fam* – un franc, de l'argent
une canadienne – eine Art Jacke
un béret – (Basken)Mütze
42 **claquer** – *ici:* zusammenschlagen
les talons *m* – Hacken
faire le pitre – faire le clown
un quadrilatère – Viereck
43 **trébucher** – stolpern
avec aisance *(f)* – facilement
une alerte – une alarme
une diversion – Ablenkung
44 **un tuyau** – Rohr
une ampoule – Glühbirne
une voûte – Gewölbedecke
encombré,e – *ici:* rempli,e
45 **une puissance** – *ici: math.* Potenz
un décimal relatif – Dezimalzahl
foutre la paix à qn *fam* – laisser qn tranquille
piquer *fam* – prendre
faire chier *fam* – énerver
46 **s'écarter** – *ici:* s'éloigner
sourd,e – taub; *ici:* dumpf, gedämpft
(s')interrompre – unterbrechen
la pénombre – Halbdunkel
un faisceau – *ici:* Lichtstrahl
blotti,e – *ici:* kauernd aneinandergeschmiegt

A l'internat (scènes 3-13)

5

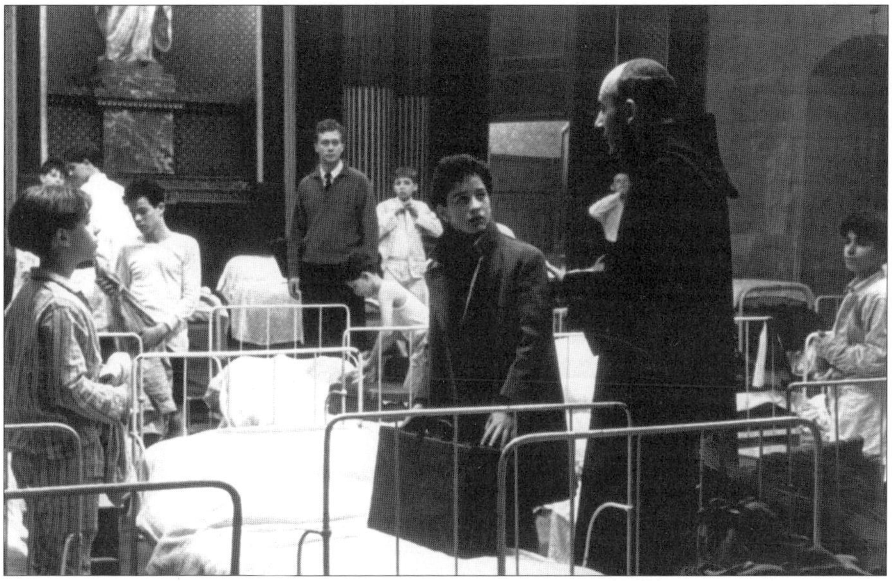

Avant de regarder les scènes 3 à 13 ou d'en lire le texte, décrivez et commentez la photo ci-contre :
- Où cette scène a-t-elle lieu ?
- Qu'est-ce qui vient de se passer ?
- Qui sont les différents personnages ?
- Quel rôle le garçon à la valise peut-il bien jouer ?

1 Lisez le scénario des scènes 3 et 4 jusqu'à la page 17.
   a) Mettez-vous maintenant à la place de Bonnet, sur la photo ci-dessus, et dites ce que vous ressentez ou ce qui vous passe par la tête au moment précis où la photo est prise.
   b) Faites de même avec *un* des autres personnages présents sur la photo (au choix).
   c) A votre avis, comment vont réagir les autres élèves après le moment représenté sur la photo ?
2 Regardez le film jusqu'à la fin de la scène 13.
   a) Quelle est votre impression d'ensemble de l'internat et de ses « habitants » ?
   b) L'auteur Louis Malle a écrit que le monde des enfants « *ressemble un peu à une société animale* ». Qu'est-ce qui, dans ces extraits de son film, semble confirmer cette opinion ?
3 Relevez dans le scénario de ces scènes (p. 13 à 46) puis notez ci-dessous …
   a) les attaques verbales et b) les comportements agressifs envers Bonnet.
   Pour chacune de ces « agressions », indiquez dans la colonne de droite si vous la considérez comme très grave, sérieuse ou sans importance. *(Utilisez des symboles, p. ex.* ***!!!*** *pour « très grave »,* ***!*** *pour « sérieuse » et* ***0*** *pour « sans importance ».)*

a) ____ | ________

____ | ________

____ | ________

____ | ________

____ | ________

b) ____ | ________

____ | ________

____ | ________

____ | ________

____ | ________

Julien et Bonnet

6

1 Portraits - premières esquisses

1 Faites le portrait de Julien. Commencez par le portrait physique, puis parlez de son caractère (voir ci-contre). Prenez comme point de départ les indications fournies par le film / le texte, puis « complétez » ces informations à partir de vos *impressions* personnelles (restez réaliste !).

2 De la même manière, faites le portrait de Bonnet.

Le physique / l'aspect extérieur d'une personne

DÉCRIRE :
le visage (sa forme, le teint, les yeux, le nez, etc.),
les cheveux (couleur, longueur, type de coiffure),
les signes particuliers (lunettes, barbe, cicatrices, etc.),
la taille (↕) et la corpulence (↔),
les vêtements et autres accessoires,
l'impression d'ensemble.

La personnalité / le caractère

AVOIR ... peu de / une forte PERSONNALITÉ
bon / mauvais CARACTÈRE
peu de / beaucoup de TEMPÉRAMENT
de bonnes / de mauvaises MANIÈRES.

ÊTRE ...
naturel, spontané OU affecté, calculateur,
ouvert, franc OU hypocrite, sournois,
gai, insouciant OU triste, mélancolique, anxieux,
aimable, chaleureux, généreux OU froid, distant, égoïste,
équilibré, sérieux, discipliné OU impulsif, changeant,
discret, réservé, timide OU sociable, désinvolte, extraverti,
énergique, autoritaire OU apathique, faible, mou.

2 Premiers contacts

1 Regardez une fois encore la scène 4 (ou relisez le texte) et racontez comment se passe la première rencontre entre les deux garçons.

2 a) Relevez dans le texte des scènes 4 à 13 (p. 15 à 46) tous les gestes et les paroles qui montrent que les deux garçons semblent *s'intéresser* l'un à l'autre. Notez ces passages ci-dessous dans la colonne de gauche.
b) Selon vous, qu'est-ce qui pourrait justifier cet intérêt ?

3 a) Relevez dans ces mêmes pages les gestes et les paroles qui montrent que les deux *se méfient* l'un de l'autre ou qu'ils sont hostiles à l'autre. Notez ces passages ci-dessous dans la colonne de droite.
b) Lequel des deux est le plus méfiant ? D'après vous, comment peut s'expliquer cette méfiance ?

4 A votre avis, comment les relations entre les deux jeunes vont-elles se développer par la suite ?

Signes d'intérêt :	Signes de méfiance :

Vocabulaire II (scènes 14 à 28)

7

Les numéros renvoient aux pages de l'édition folio *du scénario.*

47 **vainement** – sans succès (vergeblich)
en chien de fusil – mit angezogenen Beinen
faire un lit en portefeuille – das Betttuch so falten, dass man sich im Bett nicht ausstrecken kann
48 **remuer** – bouger
soupirer – seufzen
rabattre – zurückschlagen
frotter – schrubben
un forcené – un fou
grelotter – (vor Kälte) schlottern
une tache – Fleck
mouillé,e – nass
49 **arqué,e** – courbé,e (gekrümmt)
en sursaut – brusquement
succéder à qn – suivre qn
tenter – essayer
une allemande – *ici:* Felgaufschwung
une traction – *ici:* Liegestütze
invectiver – schmähen, beschimpfen
un passe-montagne – Strickmütze, die nur das Gesicht freilässt
50 **le papier mâché** – Pappmaché
attrayant,e – joli
un cartable – Schultasche
un guidon – Lenkstange
entamer – commencer, ouvrir
51 **les ongles** *m* – Fingernägel
les seins *m* – Busen
le doigté – Fingersatz
un dièse – *en musique:* Kreuz
à contrecœur – sans en avoir envie
bâiller – gähnen
52 **gauche** – *ici:* linkisch
53 **déchiffrer** – *ici:* lire
une pièce – *ici:* une partition
doué,e – qui a du talent
un cache-nez – (dicker) Schal
54 **égrener un chapelet** – Rosenkranz beten
trier – classer, ranger
un pupitre – Pult(klappe)
tendu,e – gespannt
un piston – Kolben
55 **écorné,e** – *ici:* abgestoßen
séjourner – rester, passer du temps
le jambage – *ici :* la forme des lettres
la confesse *fam* – Beichte
56 **une étole** – Stola
58 **l'huile** *(f)* **de foie** *(m)* **de morue** *(f)* – Lebertran
rentrer dans les ordres *(m)* – devenir moine
la vocation – Berufung
fichu,e *fam* – *ici:* dur, pénible
59 **strident,e** – schrill
percevoir – *ici:* entendre
repérer – trouver, découvrir
songeur, -euse – nachdenklich
60 **le brouillard** – Nebel
épais, se – dick; *ici:* dicht
61 **sentencieux, -euse** – dozierend
un ivrogne – qn qui a bu trop d'alcool
une bousculade – Gedränge
62 **à tue-tête** – très fort
dévisager qn – regarder qn avec attention
63 **chiant,e** *fam* – ennuyeux
vieillot,e – assez vieux
une pancarte – Schild
un vestiaire – une pièce on l'on dépose ses vêtements
intimidé,e – eingeschüchtert
délacer – aufschnüren
64 **se boucher le nez** – sich die Nase zuhalten
un parpaillot *vx* – un protestant
65 **le torse** – Oberkörper
nu,e – nackt
répartir – verteilen (→ une part)
cogner – frapper fort
66 **mousser** – schäumen
67 **se grouiller** *fam* – se dépêcher
le culot *fam* – Mumm
ta gueule! *fam* – Schnauze!
au pas de course – im Laufschritt
68 **murmurer** – murmeln
écarquillé,e – grand ouvert
une litanie – Litanei
une flexion – Kniebeuge
le dérouillage – *ici:* Auflockerungsgymnastik
69 **un baudrier** – Wehrgehänge
pénétrer – entrer
des éclats *(m)* **de voix** – erregte Stimmen
un religieux – *ici:* un moine
70 **rompre les rangs** – wegtreten
rebrousser chemin – faire demi-tour
une poubelle – Mülleimer
71 **faire un malheur** – avoir beaucoup de succès
fouiner – herumschnüffeln
être réformé – vom Militärdienst freigestellt sein
72 **déboucher** – *ici:* sortir rapidement
un torpilleur – Torpedoboot
une composition – *ici:* Aufsatz
bon débarras! – den wären wir los!
un tantinet *vx* – un tout petit peu
prétentieux, -euse – hochgestochen
un phare – Leuchtturm
73 **enchaîner** – *ici :* continuer
une péniche – Lastkahn
soutenir – *ici:* standhalten
74 **s'éloigner** – sich entfernen (→ loin)
tellement – so (sehr)
radin,e *fam* – avare (geizig)
75 **une bille** – Murmel
une agate – Glasmurmel
76 **tourner** – *ici:* fonctionner
au ralenti – *ici:* à faible capacité
une humeur de chien – une très mauvaise humeur
se réjouir de qc – sich auf/über etwas freuen
77 **le soin** – → soigner
renifler qc – (an) etwas riechen
pousse-toi! – weg da!
croquer – zerbeißen
une pile – Stapel
les fortifications *m* – Befestigungsanlagen (→ fort)
78 **la page de garde** – Vorsatzseite eines Buches
raturer – durchstreichen
une médiatrice – Mittelsenkrechte
une perpendiculaire – Senkrechte
79 **cassé,e en deux** – *ici:* penché,e en avant
la mutilation – Verstümmelung
avide – gierig
un avion de chasse – Kampfjäger
minutieux, -ieuse – précis
se ruer – courir, se précipiter
une racine – Wurzel; *ici:* une origine
80 **accroupi,e** – in der Hocke sitzend
un faux cul *fam* – Heuchler
latin-moderne – Latein und moderne Fremdsprachen
81 **piger** *fam* – comprendre
s'évader – s'enfuir (flüchten)
attraper – *ici:* jdn packen
82 **se dégager** – se libérer
coincer – *ici :* presser, pousser
83 **enrhumé,e** – erkältet
tousser – husten
fouiner – herumschnüffeln
mutuel,le – gegenseitig
un foulard – (Hals)Tuch
un cochon – un porc (Schwein)
84 **tenir debout** – être logique
foireux, -euse *fam* – *ici :* faul
un sophisme – Scheinargument
s'étrangler – ersticken; *ici :* tousser
85 **un billet** – *ici:* une lettre (d'amour)
virer qn *fam* – renvoyer qn
trouillard,e *fam* – peureux (→ la peur)
un youpin *péjoratif* – un juif
86 **se foutre de la gueule de qn** *fam* – se moquer de qn
crucifier – kreuzigen
t'occupe! *fam* – ne t'occupe pas de ça
bander *fam* – eine Erektion haben
87 **enragé,e** – furieux (→ la rage)
un rassemblement – *ici:* un groupe
traiter qn de qc – jdn etw. heißen / beschimpfen
un enfoiré *fam* – un idiot
entraîner – *ici:* emmener
la niche – Hundehütte
88 **aboyer** – bellen

Jours tranquilles à l'internat (scènes 14 à 24)

8

1 Les aléas du quotidien

1 Récapitulez les petits « événements » de la scène 14. Comment peut-on les interpréter ?
2 a) Quelle différence entre Julien et Bonnet la leçon de musique (scène 16) fait-elle apparaître ?
b) Expliquez la réaction de Julien à la fin de cette scène.
3 Dans la scène 17, quelles informations peut-on tirer de ce qui est écrit (et de ce qui ne l'est *pas)* dans la lettre qui a été prise à Bonnet (p. 55) ? Pourquoi Julien pense-t-il que la mère de Bonnet n'« a pas la conscience tranquille » ?
4 a) Comment peut-on interpréter le coup de téléphone au Père Jean (scène 18, p. 59) ? A votre avis, qui l'a appelé ? Pourquoi ? De quelles « rumeurs » pourrait-il s'agir ? (Inventez plusieurs possibilités.)
b) D'après vous, pourquoi le Père Jean demande-t-il à Julien d'être très gentil avec Bonnet (p. 60) ?
5 a) Avez-vous déjà entendu parler du roman *Les Trois Mousquetaires*, d'Alexandre Dumas ? (ou avez-vous déjà vu un film basé sur ce roman ?) Si oui, est-ce que vous avez aimé ce roman (ou ce film) ? Dites pourquoi ou pourquoi pas.
b) En groupes, récapitulez tout ce que vous savez des personnages, de leurs actions et du cadre de celles-ci.
6 a) Lisez la case-info, en bas à gauche, puis expliquez pourquoi Moreau interrompt brusquement la gymnastique (p. 70).
b) Décrivez l'affiche, ci-dessous. Dites ce que vous pensez de cette « justification » du STO.
7 a) Quelle importance la scène 24 a-t-elle en ce qui concerne les relations entre Julien et Bonnet ?
b) Formulez les pensées que peuvent avoir Julien et Bonnet quand ils se regardent à la fin de la scène 24.

2 Le secret de Bonnet

Recherchez dans le texte des scènes 14 à 24 tous les petits détails qui permettent de supposer que Bonnet *cache* quelque chose à Julien et aux autres élèves. Regroupez ces détails et essayez d'en donner une interprétation cohérente.

La collaboration
Quelques mois après la défaite militaire française et l'armistice de juin 1940, le Maréchal Pétain rencontre Hitler à Montoire et lui propose la collaboration. Pétain espère ainsi maintenir la souveraineté française sur une partie de la France (la « zone libre », gouvernée à partir de Vichy). Cette collaboration « d'Etat » s'accompagne parfois d'une collaboration « idéologique », qui défend activement les idées du nazisme.

Le STO
Sous la pression des Allemands, Laval, chef du gouvernement de Vichy, crée en 1943 le Service du Travail Obligatoire, qui oblige tous les Français de 20 à 23 ans à aller travailler en Allemagne pour remplacer les jeunes Allemands partis à la guerre. 270 000 Français s'en vont ainsi en Allemagne, mais de nombreux jeunes (les « réfractaires ») se cachent ou vont rejoindre la Résistance.

La milice
Cette organisation paramilitaire créée en 1943 par le gouvernement de Vichy compte 80 000 hommes en 1944. Elle soutient les occupants allemands, lutte avec eux contre la Résistance, les réfractaires au STO et les juifs, et participe parfois aux déportations, aux tortures et aux massacres organisés par la Gestapo.

Une affiche justifiant le STO (Service du Travail Obligatoire)

C'est quoi, un juif ? (scènes 25 à 28)

9

1 Lisez le texte ci-contre, extrait d'un roman autobiographique dans lequel Joseph Joffo raconte son enfance dans la France occupée par les Allemands. Avant d'envoyer Joseph et son frère dans la « zone libre », le père Joffo leur donne un bon conseil, une règle à suivre. Expliquez pourquoi cette règle est importante.

2 Dans le film de Malle, Bonnet semble suivre la même règle. Il a cependant commis quelques imprudences.
   a) Relevez plusieurs de ces imprudences (scènes 26 et 27, 17 et 22).
   b) Comment auriez-vous réagi à sa place ?

3 D'après François (p. 86), on reproche aux juifs d'être « plus intelligents ». A l'aide d'exemples pris dans le texte, montrez que cela s'applique bien à Bonnet.

4 Lisez la « définition » du juif d'après Pétain et le régime de Vichy (en bas, sous l'« étoile jaune »). Montrez que cette définition, qui parle de « race » juive, est absurde.

5 Consultez plusieurs dictionnaires ou encyclopédies (ou internet ou un professeur de religion) pour essayer de définir correctement le mot *juif*.

6 Décrivez l'affiche ci-dessous. Comment « le » juif y est-il caractérisé ? Que pensez-vous de cette représentation ?

– Enfin, dit-il, il faut que vous sachiez une chose. Vous êtes juifs, mais ne l'avouez jamais. Vous entendez : *Jamais.* A votre meilleur ami vous ne le direz pas, vous nierez toujours. Vous m'entendez bien : *Toujours.* Joseph, viens ici.

Je me lève et m'approche.

– Tu es juif, Joseph ?

– Non.

Sa main a claqué sur ma joue. Il ne m'avait jamais touché jusqu'ici.

– Ne mens pas, tu es juif, Joseph ?

– Non !

J'avais crié sans m'en rendre compte, un cri définitif, assuré. Mon père s'est relevé.

– Et bien voilà, dit-il, la situation est claire à présent.

La joue me cuisait encore mais j'avais une question à laquelle il me fallait une réponse.

– Qu'est-ce que c'est, un juif ?

Papa s'est gratté la tête.

– Eh bien, ça m'embête un peu de te le dire, Joseph, mais au fond, je ne sais pas très bien.

Nous le regardions et il dut sentir qu'il fallait continuer.

– Autrefois, dit-il, nous habitions un pays, on en a été chassés, alors nous sommes partis partout et il y a des périodes, comme celle dans laquelle nous sommes, où ça continue. C'est la chasse qui est réouverte, alors il faut repartir et se cacher, en attendant que le chasseur se fatigue.

Joseph Joffo, *Un sac de billes* (extraits), © Editions J.C. Lattès 1973

Est regardé comme juif :

1° Celui ou celle, appartenant ou non à une confession quelconque, qui est issu d'au moins trois grands-parents de race juive, ou de deux seulement si son conjoint est lui-même issu de deux grands-parents de race juive. Est regardé comme étant de race juive le grand-parent ayant appartenu à la religion juive.

2° Celui ou celle qui appartient à la religion juive, ou y appartenait le 25 juin 1940, et qui est issu de deux grands-parents de race juive.

La non-appartenance à la religion juive est établie par la preuve de l'adhésion à l'une des autres confessions reconnues par l'Etat avant la loi du 9 décembre 1905.

(Art. 1er d'une loi du 2 juin 1941 signée par Pétain)

INTERMÈDE – La prise de vue (scène 27)

10

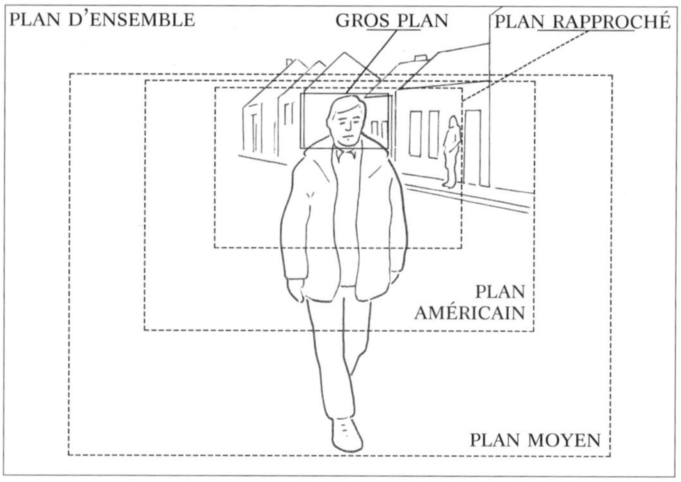

1 Regardez la scène 27 *sans* le son et séquence par séquence, à partir du moment où Julien s'adresse à Bonnet (en haut de la p. 80 du livre).
À chaque changement de *position* de la caméra, arrêtez le film puis remplissez les deux colonnes de gauche (a et b) de la grille de visionnement, ci-dessous. (Vous pouvez regarder plusieurs fois un même plan.)

2 A partir de vos notes sur les gestes et les mimiques des deux personnages principaux, caractérisez le genre de rapports qu'ils ont dans cette scène.

3 Dans la troisième colonne (c) notez le contenu ou les répliques du dialogue entre Julien et Bonnet *(imaginez* ce dialogue si vous n'avez pas encore lu le texte, ou essayez de vous en souvenir, si vous l'avez déjà lu).

a) types de *plans* (et notes sur ce que montre la caméra)	b) notes sur les déplacements, gestes et mimiques des personnages	c) éléments de dialogues
1 *plan d'ensemble* (une partie de la salle de classe) puis travelling et *plan rapproché* (autour du pupitre de Bonnet)	Julien assis, se lève, s'adresse à Bonnet, s'approche de lui ; Julien face à Bonnet, semble curieux ; Bonnet dessine, ne regarde pas Julien	
2		
3		
4		
5		
6		

INTERMÈDE – La sonorisation (scène 29)

11

1 a) Dans les films, la musique, mais aussi les différents bruits ont souvent un rôle important à jouer. Concrètement, à quoi peuvent-ils servir ? Echangez vos idées à ce sujet.

b) Pouvez-vous vous souvenir d'un film (lequel ?) dans lequel le son a joué un rôle particulièrement important ? Dites dans quelle mesure ce rôle était important.

c) Quel effet peut produire, dans un film, l'absence de son, le silence absolu ?

2 Regardez la séquence du film qui correspond au début de la scène 29 et arrêtez-vous à la dernière réplique des « rouges » (p. 91 dans le livre). A partir de ce moment-là, suivez le reste de la scène en écoutant la bande-son *sans* regarder les images, jusqu'à la réplique « mais non, c'est à gauche » (p. 94 dans le livre). Concentrez votre attention sur le bruitage et prenez des notes sur ce que vous entendez.

3 Mettez vos notes en commun puis faites une liste de tous les bruits que vous avez entendus dans ce passage (vous pouvez vous servir d'un dictionnaire bilingue). Quel *effet* ces différents bruits produisent-ils sur les auditeurs ?

4 Lisez maintenant le passage correspondant à la séquence que vous avez écoutée (jusqu'à la ligne 6 de la page 94). Relevez dans ce passage les indications qui concernent le bruitage et comparez-les avec la liste des bruits que vous avez faite pour l'exercice 3. Qu'est-ce que vous constatez ?

5 Regardez maintenant le film avec le son et les images jusqu'à la réplique « mais non, c'est à gauche » (p. 94). Imaginez ce qui va se passer après cette réplique et par la suite, puis préparez un script correspondant à votre idée de scénario (voir ci-dessous). Tenez compte des images et des plans (voir la feuille de travail 10), des dialogues, mais aussi des bruitages qui seraient nécessaires. Présentez ensuite votre version à vos camarades.

a) les IMAGES (et les plans)	b) les BRUITAGES	c) les DIALOGUES

Vocabulaire III (scènes 29 à 53)

Les numéros renvoient aux pages de l'édition folio *du scénario.*

88 **forestier, -ière** – → la forêt
une flèche – Pfeil
89 **une pomme de pin** – Tannenzapfen
une songerie – un rêve
90 **accélérer** – aller plus vite
l'acharnement *m* – Verbissenheit
91 **la futaie** – Hochwald
perdre du terrain – an Vorsprung verlieren
épuisé,e – trés fatigué
un coup de sifflet – Pfeifen
fouiller – *ici:* chercher
extraire – *ici:* sortir
92 **se dresser** – se lever
serrés – très proche l'un de l'autre
un dédale – un labyrinthe
une conviction – Überzeugung (→ convaincre)
un craquement – Knistern (→ craquer)
étouffé,e – *ici:* kaum hörbar
93 **se déficeler** – se libérer de ses *ficelles* (Kordel)
un loup – Wolf
les ronces *f* – Brombeerstrauch
gémir – stöhnen
marmonner – murmurer
une cavalcade – Getrappel
un grognement – Grunzen
un sanglier – un cochon sauvage
trotter – courir
94 **goudronné,e** – geteert
occulter – cacher
une raie – Strich; *ici:* Strahl
interpeller qn – *ici:* jdn laut anreden
un cliquetis – un bruit sec
95 **coincé,e** – eingekeilt
un Bavarois – Bayer
96 **blotti,e** – zusammenkauert
goguenard,e – amusé, ironique
s'effondrer en sanglots – se mettre à pleurer
97 **un boche** *péjoratif* – un Allemand
le couvre-feu – Sperrstunde
98 **engueuler qn** *fam* – jdn anschnauzen
sous les combles *m* – sous le toit
99 **dressé,e** – *ici:* appuyé
le pâté – (Leber)Pastete
s'envoyer en l'air *fam* – bumsen
une pute *fam* – une prostituée
100 **le badigeon** – Einpinseln
la ouate – Watte
enroulé,e de – in … eingewickelt
enfoncer – *ici:* mettre
vigoureux, -euse – fort
101 **remuer** – bouger
le larynx – la gorge
s'étouffer – ersticken, um Atem ringen
une rafale – Salve
102 **une histoire de cul** *fam* – Bettgeschichte
103 **une aile** – Flügel
délicat,e – behutsam
104 **survenir** – arriver, se passer
l'étude *f* – salle où on fait ses devoirs
105 **s'ajuster** – sich richten
soigneux, -euse – sorgfältig
une raie – *ici:* Scheitel
une touche – *ici:* un petit peu
foutre *fam* – faire
106 **la progéniture** – les enfants
officier – dire la messe
la communion solennelle – Firmung
trahir – verraten
107 **un chameau** – Kamel
le chas d'une aiguille – Nadelöhr
le Royaume du Seigneur – das Reich Gottes
corrompre – verderben
pourrir – faulen
ronger – nagen
banqueter – faire un grand repas
une diatribe – un discours critique
l'assistance *f* – le public
y aller fort *fam* – übertreiben
108 **impassible** – sans émotion
la charité – Barmherzigkeit
une épître – un texte de la Bible
persécuter – verfolgen
un bourreau – Henker, Peiniger
joint,e – *ici:* gefaltet
109 **un ciboire** – Kelch
se figer – erstarren
faire le malin – angeben
110 **la hanche** – Hüfte
la mêlée – Handgemenge
faire un croche-pied à qn – jdm ein Bein stellen
111 **dégénérer** – ausarten
contagieux, -ieuse – ansteckend
112 **faire la moue** – eine Schnute ziehen
113 **la verdure** – Grünzeug; *ici:* allusion à la couleur des uniformes allemands
taper dans l'œil – ins Auge stechen
écrasant,e – très lourd
114 **une balle** – *ici:* (Gewehr)Kugel
115 **la soie** – Seide
un familier – qn qu'on connaît bien
un youtre *péjoratif* – un juif
117 **un loufiat** *fam* – un garçon de café
révoquer – *ici:* retirer, reprendre
118 **injurier** – insulter
des remous *m* – *ici:* Aufruhr
strident,e – hoch und schrill
le brouhaha – des bruits de voix
en écharpe – in der Schlinge
119 **toiser qn** – regarder qn de haut
épater – *ici:* impressionner
120 **Il ne manquait plus que ça**! – Das fehlte gerade noch
Léon Blum – un socialiste français
pendre – aufhängen
122 **éméché,e** – beschwipst
le maquis – *ici:* la Résistance
le bachot *fam* – le bac
123 **se crever la santé** – sich abrackern
à l'unisson – en même temps
124 **Polytechnique** – *franz. Eliteschule*
125 **défroquer** – die Soutane ablegen
bandant,e – geil (→ bander)
faire un frais à qn *vx* – jdn anbaggern
126 **déconcerté,e** – surpris
129 **langoureux, -euse** – *ici:* wehmütig
enchaîner sur – übergehen in
être plié,e en deux *fam* – sich krumm lachen
une virevolte – Umherwirbeln
130 **rabattre** – zurückschlagen
éponger – sécher
131 **faire mine de** – faire semblant de
récupérer – zurück holen
132 **la braguette** – Hosenladen
tituber – torkeln
133 **une raclée** – Tracht Prügel
un salopard *fam* – un salaud
manquer de faire qc – beinahe etw. tun
le saindoux – la graisse de porc
134 **acculer qn** – jdn drängen
136 **tout autant que** – comme
priver qn de qc – jdm etw. vorenthalten
138 **pleurnicher** *fam* – pleurer
l'économe *m* – Verwalter
139 **trinquer** *fam* – ausbaden
un défi – Herausforderung (→ défier)
140 **un pilier** – Säule
141 **faire la pompe sur les notes graves** im Bass die Oktaven spielen
assourdissant,e – très fort
142 **un bombardier** – Bomber
la DCA – Flugabwehr
143 **rôtir** – rösten
dépiauter *fam* – schälen
145 **trouer** – *ici:* durchbrechen
147 **respectif, -ive** – jeweilig
crever – durchbrechen
148 **pas … d'un pouce** – pas … du tout
le mont Cassin – *montagne d'Italie*
péter *fam* – furzen
à reculons – rückwärts
149 **en bandoulière** – über die Schulter
remonter – *ici:* entlang laufen
150 **scruter** – examiner avec attention
une fraction – Bruchteil
intercepter – auffangen
152 **recueillir** – aufnehmen
se barrer *fam* – s'en aller
157 **littéralement** – wörtlich
renifler – schniefen
158 **ne pas en mener large** – avoir peur
159 **un vasistas** – une petite fenêtre
dévaler – descendre très vite
162 **s'exécuter** – obéir
166 **l'encadrure** *f* – (Tür)Rahmen.

Pistes à suivre (scènes 29 à 35)

13

1 Le jeu de piste

1 Dites en quoi consiste le jeu de piste de la scène 29 et expliquez les règles du jeu.
2 Remettez les éléments de la scène 29 dans le bon ordre (ci-dessous) :

- (A) Julien trouve le « trésor ».
- (B) Bonnet cherche à s'enfuir.
- (C) Julien se perd dans la forêt.
- (D) Les soldats allemands rattrapent Bonnet.
- (E) Bonnet se libère et retrouve Julien.
- (F) Julien et Bonnet arrivent à s'enfuir.
- (G) Julien et Bonnet trouvent une route.
- (H) Six des huit « verts » sont faits prisonniers par les « rouges ».
- (I) Bonnet est rattrapé par les « rouges » puis attaché à un arbre.
- (J) Un groupe de huit garçons suivent des signes de piste.
- (K) Trois des garçons traînent derrière les autres.
- (L) Julien et Bonnet rencontrent un sanglier.
- (M) Boulanger rejoint la troupe des verts.
- (N) Deux soldats allemands arrivent en voiture.

La bonne piste : ◯ → ◯ → ◯ → ◯ → ◯ → ◯ → ◯ → ◯ → ◯ → ◯ → ◯ → ◯ → ◯ → ◯

3 Expliquez pourquoi la scène 29 est importante en ce qui concerne le développement des relations entre Julien et Bonnet.

2 Retour au collège

1 Caractérisez les soldats allemands tels qu'ils sont présentés dans les scènes 29 à 31.
2 Pendant l'une des soirées qui suivent le jeu de piste, Julien écrit une lettre à sa mère et lui raconte son « aventure ». Mettez-vous à sa place et rédigez cette lettre.

3 A la messe

1 Dans quelle situation se trouvent Bonnet, Négus et Dupré pendant la messe (scène 34) ? Pourquoi ?
2 Relevez dans les paroles du Père Jean (p. 106-107) six noms et trois adjectifs qui désignent des défauts, des attitudes ou des sentiments *négatifs* et classez ces mots par ordre d'intensité.

____________	____________	____________
____________	____________	____________
____________	____________	____________

3 a) Qui sont « ceux qui devraient nous guider » (p. 106) ? Politiquement, de quel côté se situe le Père Jean ?
b) Quel est le message principal du sermon du Père Jean ?
c) Expliquez la réaction de Mme Quentin et celle du monsieur qui quitte la chapelle.
4 a) Quelles différences de sens le mot *communion* peut-il avoir ? (Si nécessaire, consultez un dictionnaire unilingue.)
b) A votre avis, pour quelles raisons Bonnet cherche-t-il à participer à la communion ?
c) Comment le geste du Père Jean, qui refuse de donner l'hostie à Bonnet, pourrait-il être interprété ?

Le Grand Cerf (scène 36)

14

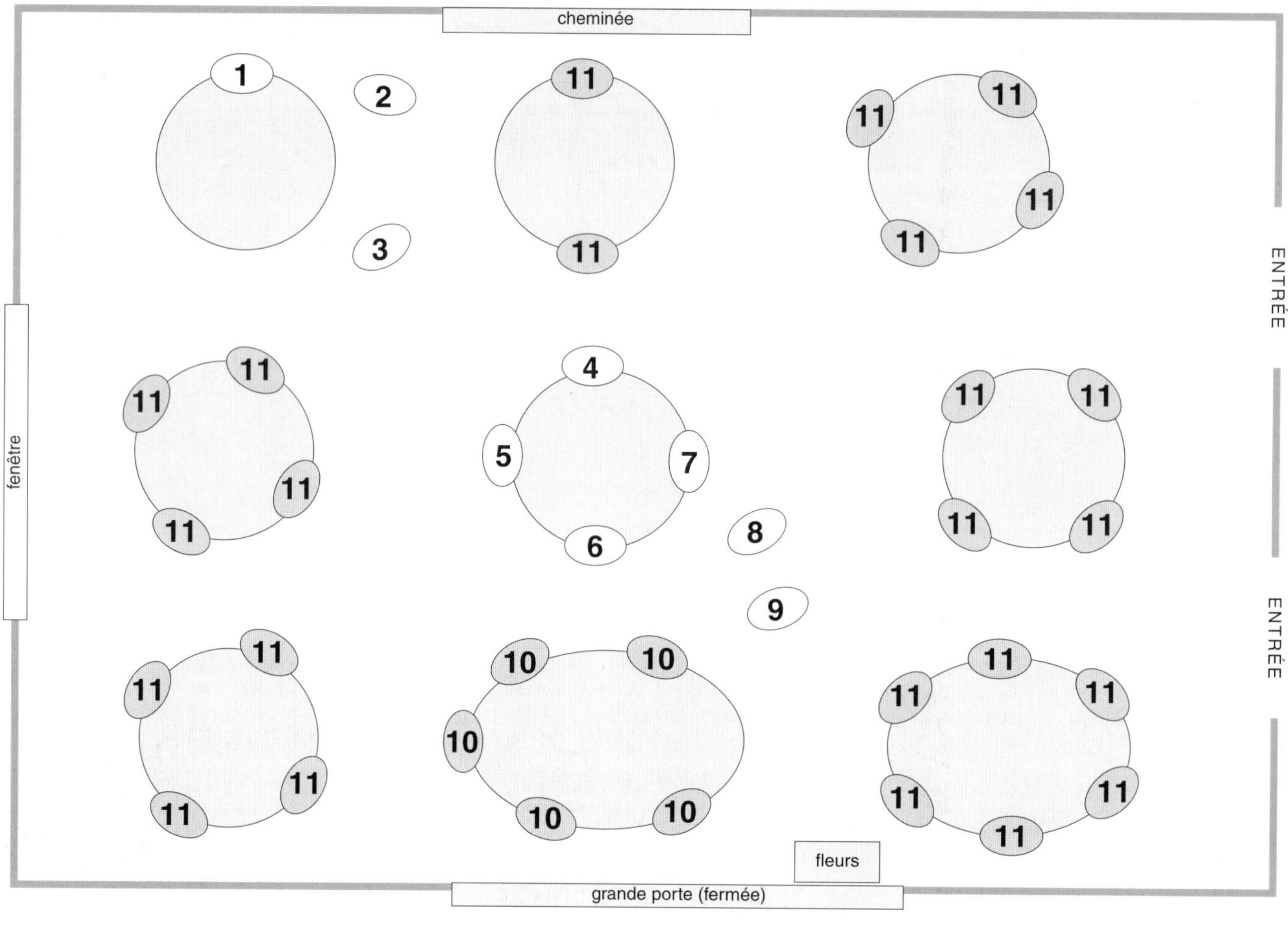

1 Regardez le plan de la salle de restaurant peu avant le départ des miliciens, puis faites la liste des personnes présentes.

① ________ ② ________ ③ ________

④ ________ ⑤ ________ ⑥ ________

⑦ ________ ⑧ ________ ⑨ ________

⑩ ________ ⑪ ________

2 a) Faites un bref portrait des deux miliciens (voir les indications données sur la feuille de travail 6).
b) Qu'est-ce que cette scène met en évidence, en ce qui concerne leurs rapports avec les Allemands ?

3 Dans quelle mesure peut-on dire que cette salle de restaurant est une représentation en miniature de la société de l'époque ? En quelques mots, caractérisez les différents groupes ou tendances d'opinion représentés. Pour chaque groupe, relevez dans le texte une réplique « typique ».

4 Que peut bien penser Bonnet quand M. Meyer se fait insulter par le jeune milicien ? Rédigez son monologue intérieur.

5 Préparez-vous maintenant à jouer cette scène (ou au moins une partie : celle qui va de l'entrée à la sortie des miliciens).
a) « Transformez » votre salle de classe en restaurant : disposez les tables comme sur le plan ci-dessus et choisissez quelques accessoires qui serviront de décor. (Il n'est pas nécessaire que *toutes* les tables soient occupées.)
b) Ensuite, partagez-vous les rôles. Lisez plusieurs fois le texte de la scène. Essayez de retenir une partie des répliques de « votre » personnage – mais n'apprenez pas tout par cœur (il vaut mieux improviser un peu).
c) Regardez encore une fois la scène en faisant attention à la manière de parler de « votre » personnage. Notez ses gestes.
d) En petits groupes, répétez plusieurs fois les passages où vous jouez un rôle avant de représenter la scène tous ensemble.

Du bon usage de la liberté (scènes 37 à 43)

15

1 Projets d'avenir (scène 37)

1 *Avant* de regarder la scène 37 : Savez-vous quelle profession vous aimeriez exercer plus tard ?
- Si *oui,* dites pour quelles raisons vous voulez choisir cette profession : quels sont ses avantages (et ses inconvénients) ?
- Si *non,* comment vous représentez-vous votre vie dans dix ans (la situation idéale *ou* la situation probable) ?

2 Dans la scène 37 (p. 123), François dit qu'il y a des choses plus importantes que le bachot. Etes-vous d'accord avec lui ? Faites une liste des choses qui vous semblent plus importantes que le bac puis comparez vos listes. Que constatez-vous ?

3 a) Comment François se comporte-t-il face aux Allemands ? Que pensez-vous de ce comportement ?
b) Expliquez la réaction de sa mère quand il lui annonce son intention d'entrer dans la Résistance (p. 122).

4 a) Inventez au moins trois raisons qui pourraient donner à quelqu'un l'envie de devenir missionnaire au Congo.
b) Parmi ces raisons, laquelle vous semble, dans le cas de Julien (p. 123), être la plus vraisemblable ? Dites pourquoi.
c) Dans la scène 18 (p. 58), le Père Jean dit à Julien qu'il n'a « aucune vocation pour la prêtrise ». Vous-même, qu'en pensez-vous ? (Justifiez votre opinion.)

2 Le « film dans le film » (scène 39)

1 *Avant* de regarder la scène 39 :
a) Que savez-vous de l'acteur Charlie Chaplin (« Charlot ») ? Connaissez-vous les titres de quelques-uns de ses films ?
b) Avez-vous déjà vu un ou plusieurs de ces films ? Est-ce que vous avez aimé ce ou ces films ? Dites pourquoi (pas).
c) Si quelqu'un a déjà vu *Charlot émigrant* (« Der Einwanderer ») : Dites ce qui se passe dans ce film.

2 Décrivez ce que l'on voit sur l'une des dernières images du film, ci-contre. En quoi est-elle symbolique ...
a) dans le contexte du film *Charlot émigrant* et
b) dans celui du film *Au revoir, les enfants* ?

3 Regardez maintenant la scène 39 en faisant particulièrement attention à l'« atmosphère » qui règne pendant la projection du film et à la musique.
Après avoir vu la scène : Caractérisez cette atmosphère et dites quel rôle y joue la musique.

4 a) Le film n'est pas projeté pour la première fois à l'internat : A quoi le remarque-t-on ?
b) D'après vous, pour quelle(s) raison(s) les responsables de l'internat montrent-ils aussi souvent le même film ?

3 Au(x) voleur(s) ! (scènes 42-43)

Avant de regarder ou de lire la scène 42 :

1 A partir de ce que vous avez vu ou lu jusqu'à maintenant, faites un portrait (provisoire) de Joseph (voir les scènes 9 à 11, 23, 28, 37 ainsi que les conseils donnés sur la feuille de travail N° 6).

Après avoir vu ou lu les scènes 42 et 43 :

2 a) Concrètement, qu'est-ce que les sept élèves réunis chez le Père Jean (scène 43) ont fait de mal ?
b) Pourquoi le Père Jean les considère-t-il comme des « voleurs » ? Expliquez son raisonnement. (Voir aussi la scène 10.)

3 Pour le Père Jean, l'éducation, c'est « *apprendre à faire bon usage de sa liberté* » (scène 43, p. 136).
D'après vous, en quoi un « bon » usage se différencie-t-il d'un « mauvais » ? Donnez des exemples concrets.

4 a) Joseph a bien volé les provisions du collège. Pourquoi le Père Jean a-t-il alors le sentiment de commettre une « injustice » (p. 137 et 139) en le renvoyant ?
b) Quelles autres décisions le Père Jean aurait-il pu prendre ? Laquelle auriez-vous prise à sa place ?

Naissance d'une amitié (scènes 44-48)

16

Avant de regarder les scènes 44 à 48 :

1 a) Faites trois groupes. Dans chaque groupe, chacun note sur des cartes séparées (une réponse par carte) …
- (GROUPE A :) plusieurs actions ou occupations que vous aimez pratiquer en commun avec un(e) véritable ami(e) ;
- (GROUPE B :) plusieurs adjectifs qui désignent les qualités qu'un ou une véritable ami(e) devrait absolument avoir ;
- (GROUPE C :) plusieurs phrases commençant par : « *Un ami, pour moi, c'est quelqu'un à / avec / pour qui je …* »

b) Disposez toutes vos cartes sur le mur ou au tableau en regroupant les réponses qui se ressemblent et en essayant de mettre en rapport les actions du groupe A, les qualificatifs du groupe B et les définitions du groupe C.

2 Résumez l'évolution des rapports entre Julien et Bonnet depuis l'arrivée de Bonnet au collège.

3 Relisez le texte des scènes 40 à 42 et relevez-y les signes d'amitié que se donnent Julien et Bonnet. Notez-les dans le tableau ci-dessous.

Après le visionnement et / ou la lecture des scènes 44 à 48 :

4 a) Faites deux groupes et relevez dans ces scènes les signes d'amitié entre Julien et Bonnet puis complétez le tableau. (GROUPE 1 : scènes 44 et 45 ; GROUPE 2 : scènes 46 à 48.)

b) Parmi les signes que vous avez ainsi rassemblés, choisissez celui qui vous semble le plus significatif pour l'amitié des deux garçons (un signe par groupe) et justifiez votre choix.

5 a) Faites un dessin ou un collage qui, pour vous, illustre le mieux possible le thème de l'amitié.

b) Présentez votre « œuvre » à vos camarades et expliquez-leur pourquoi vous avez choisi ce genre d'illustration.

Scène	signes (ou paroles) qui mettent en évidence l'amitié entre Julien et Bonnet
40	
41	
42	
44	
45	
46	
47	
48	

La trahison (scènes 49-52) 17

1 L'arrestation de Bonnet (scènes 49 et 50)

1 « *Il semble que nous ayons été dénoncés* », dit le Père Michel à M. Guibourg (scène 49, p. 151). Formez des hypothèses :
   a) Par qui et pour quelle(s) raison(s) le Père Jean et les enfants juifs ont-ils été dénoncés ?
   b) Comment celui (ou celle) qui a dénoncé Bonnet connaissait-il son vrai nom ?

2 a) De quelle manière Müller, l'homme de la Gestapo, arrive-t-il à identifier Bonnet ?
   b) D'après vous, faut-il considérer Julien comme « responsable » de l'arrestation de Bonnet ? Pourquoi (pas) ?
   c) A votre avis, comment répondrait Louis Malle à cette même question ?

3 Comment réagit Bonnet lors de son arrestation ? Aurait-il pu réagir autrement, dans cette situation ? Que pensez-vous de son comportement ?

4 a) Pourquoi Bonnet évite-t-il le regard de Julien (scène 50, p. 154, L. 3) ?
   b) Comment peut-on interpréter les paroles que les deux garçons échangent juste après (L. 6-9) ?

5 Pour Bonnet et Julien, que signifie l'échange des livres, à la fin de la scène 50 ?

2 A l'infirmerie (scène 51)

1 Récapitulez ce qui se passe à l'infirmerie. Pourquoi le deuxième Allemand dit-il à Julien de baisser sa culotte (p. 158)?

2 De quoi Julien accuse-t-il l'infirmière (p. 158) ? Dites si ce reproche est justifié. Si oui, pour quelle raison l'infirmière a-t-elle agi ainsi, d'après vous ?

3 Joseph (scène 52)

1 Joseph ne répond pas à la question de Julien : « *Qu'est-ce que tu fais avec eux ?* ». Répondez à sa place.

2 a) Caractérisez le genre de rapports que Julien et Joseph avaient dans les scènes précédentes.
   b) A quel détail de la scène 52 reconnaît-on que le « rapport des forces » entre Joseph et Julien a changé.

3 a) Comment Joseph justifie-t-il sa trahison ? b) Comment Julien réagit-il aux explications de Joseph ?

4 a) Caractérisez le personnage de Joseph en mettant au « bon » endroit une croix sur les « échelles graduées » suivantes:

INTELLIGENT	o—o—o—o—o—o—o—o—o	STUPIDE
RUSÉ	o—o—o—o—o—o—o—o—o	NAÏF
COURAGEUX	o—o—o—o—o—o—o—o—o	LÂCHE
SENSIBLE	o—o—o—o—o—o—o—o—o	INSENSIBLE
HONNÊTE	o—o—o—o—o—o—o—o—o	MALHONNÊTE
HEUREUX	o—o—o—o—o—o—o—o—o	MALHEUREUX
SYMPATHIQUE	o—o—o—o—o—o—o—o—o	ANTIPATHIQUE

   b) Face à Joseph, quels sont les sentiments que vous éprouvez ? (Soulignez dans la liste suivante les mots correspondants ou inscrivez-en de nouveaux.) Justifiez vos choix.
   LA PITIÉ - L'INDIFFÉRENCE - LA CURIOSITÉ - LA CONFUSION - LA COMPRÉHENSION - LA BIENVEILLANCE - LA COLÈRE - LE DÉGOÛT - LA HAINE - LE MÉPRIS autre(s): ______________________

5 A propos de Joseph, Louis Malle a un jour expliqué dans une interview, qu'il était « *fasciné par ce tout jeune homme* ». Pour quelles raisons, à votre avis ?

6 Préparez (puis jouez) le procès de Joseph après la Libération. Formez trois groupes :

GROUPE A *(2 à 5 élèves) :* Rassemblez les éléments de l'accusation. Rédigez l'acte d'accusation du procureur, qui demande la condamnation de Joseph. Proposez une peine.

GROUPE B *(4 à 8 élèves) :* Préparez la défense de Joseph. Recherchez des circonstances atténuantes (voir les scènes 9 à 11, 23, 28, 37, 42, 43, 47 – partagez-vous le travail !) puis rédigez la plaidoirie de la défense.

GROUPE C *(1 à 3 élèves) :* Après avoir écouté les arguments de l'accusation et de la défense, prononcez le verdict (puis justifiez-le).

Un drame prévisible ?

18

A propos de *Au revoir, les enfants,* Louis Malle a expliqué dans une interview : « *Quand j'ai commencé à réfléchir à la structure du film, je me suis dit qu'il était important qu'on voie la guerre venir petit à petit.* »

a) Pour chacune des scènes mentionnées dans la première colonne du tableau ci-dessous, relevez dans le texte les indices qui montrent que la guerre et la persécution des juifs sont souvent présentes en « toile de fond ». Notez ces indices dans la deuxième colonne (travaillez en groupes et partagez-vous le travail).
b) Dites dans quelle mesure ces indices (ou une partie d'entre eux) constituent une « progression » de la menace et du danger.

scènes	indices / situations
3	
7	
12-13	
18	
19	
20-21	
23	
26	
29-31	
34	
36	
37	
45-46	
49-52	

Les adieux (scène 53)

1 Etrangers, dehors !

1 Que pensez-vous des paroles de Müller, qui veut « débarrasser la France des *étrangers* » (p. 164) ?
2 Comment les Allemands sont-ils caractérisés dans cette scène ainsi que dans le reste du film ? (voir les scènes 7, 20, 29-31 et 36). Peut-on dire qu'il y a différents « types » d'Allemands dans *Au revoir les enfants* ? Si oui, lesquels ?

2 Derniers regards

1 Regardez les photos, ci-dessus, et dites ce que les regards des deux garçons expriment, à la fin du film. A votre avis, que pensent-ils ou que ressentent-ils à ce moment précis ?
2 Vous souvenez-vous d'une autre scène du film dans laquelle le regard joue un rôle important ? Retrouvez cette scène dans le film ou le texte du scénario, dites de quel genre de situation il s'agit et ce que le regard y exprime.

3 Des événements lourds de conséquences

1 Qu'apprend-on à la fin du film sur les relations qui existent entre le personnage Julien et l'auteur Louis Malle ? Quel effet cela vous fait-il ?
2 Lisez le texte suivant et dites quels effets les événements de janvier 1944 ont eu sur Louis Malle. A l'aide de ce texte, expliquez pourquoi le film *Au revoir, les enfants* a été à la fois très important pour son auteur et très difficile à réaliser.

Pendant longtemps, j'ai purement et simplement refusé de m'y attaquer, parce que cet événement m'avait traumatisé. [...] Ce qui s'est passé en janvier 1944 [...] était si effrayant et en contradiction si totale avec les valeurs qu'on nous enseignait que j'en avais conclu que le monde ne tournait pas rond, et j'ai commencé à me révolter. [...] Je pense que cet événement déclencha en moi un intense intérêt pour ce qui se passait à l'extérieur du milieu très privilégié où je vivais.
Je n'en parlais jamais. Ce qui ne veut pas dire que je n'y pensais pas... J'en étais complètement obsédé. Mais je ne racontais cette histoire à personne. [...] Pas avant les années 70, c'est-à-dire au bout de vingt-cinq ans. Il est possible que le choix de situer *Lacombe Lucien* en 1944 ait un rapport avec une envie subite de me souvenir ; de nombreux détails sur ce qui s'était passé dans le collège me sont alors revenus. [...] Quoi qu'il en soit, c'est à ce moment, en 1972-1973, que j'ai su que je raconterais cette histoire, un jour ou l'autre, mais pas tout de suite ; il me fallait encore beaucoup de temps. Un dimanche, j'avais commencé à noter des idées pour *Au revoir, les enfants.* [...] Je savais que l'heure était venue. J'étais paniqué, car c'était si important pour moi, c'était mon principal repère, l'événement le plus significatif de mon enfance, et peut-être de toute ma vie. Et puis je sentais qu'il serait très diffficile de recréer ça dans un film.

Louis Malle, dans: Philip French, *Conversations avec Louis Malle,* © Editions Denoël, Paris 1993

La symbolique du film

Le symbole

Le symbole est un objet ou une image concrète qui *représente* quelque chose d'abstrait (le cœur, symbole de l'amour, ou la balance, symbole de la justice, p. ex.).

Au sens large, cela peut être une image, une action, une situation qui *renvoie* à une autre situation déjà connue ou à des repères communs.

Une même image peut avoir plusieurs « contenus symboliques » différents et provoquer ainsi des associations multiples chez le spectateur. Elle peut par exemple
- être le reflet de *l'état d'âme* d'un protagoniste ;
- renvoyer à des *faits historiques ou culturels* ;
- faire allusion à *d'autres passages* du film /de l'œuvre.

(Voir l'exemple ci-contre.)

Exemple :

Dans la scène 2, le train qui emporte Julien vers le collège à travers un paysage gris et froid peut être considéré comme un symbole et interprété de différentes manières :
- Le train symbolise le *voyage* en tant que tel : Le cinéaste « invite » le spectateur qui regarde son film à faire un voyage dans le temps et dans ses souvenirs.
- Le train symbolise le fait de partir, ici : la *séparation* de la mère bien-aimée. Le paysage symbolise alors la *tristesse* (reflet de l'état d'âme de Julien suite à cette séparation).
- Le train peut aussi faire penser aux trains qui emmenaient les juifs et autres prisonniers vers les camps de concentration (renvoi à un fait historique).
- Le train « annonce » enfin le départ du Père Jean et des enfants juifs, à la scène 53. Le paysage gris et froid symbolise alors la *mort* qui les attend tous après ce départ (allusion à la fin du film).

1 Regardez encore une fois ou relisez les scènes 29, 34 et 39. Dans chacune de ces scènes, retrouvez les éléments qui ont valeur de symbole puis dites de quelles manières on pourrait les interpréter (voir ci-dessus).

2 *La symbolique des couleurs*

a) Quelles sont les couleurs dominantes du film ?

b) Pour chacune de ces couleurs, rassemblez le plus d'associations spontanées possibles. Que constatez-vous ?

c) A propos d'*Au revoir, les enfants*, Louis Malle a écrit : « *Il me semblait évident qu'il fallait faire le film en couleur, mais que ce serait un film sans couleurs.* » Dites comment il faut comprendre ce « paradoxe » et expliquez pourquoi Louis Malle a fait ce choix.

3 *Le chaud et le froid*

a) Rassemblez tous les mots et expressions que vous associez à *chaud* et *chaleur*, d'une part, à *froid* et *froideur*, d'autre part (au sens *propre* de ces mots).

b) Quels sens *figurés* peuvent avoir les mots *chaud / chaleur* et *froid / froideur*? (Si nécessaire, utilisez un dictionnaire unilingue). Faites deux listes avec les expressions qui utilisent ces mots dans un sens figuré.

c) Relevez quelques passages du film dans lequel le « froid » joue un rôle. Où et sous quels aspects Louis Malle y introduit-il le « chaud » ? Qu'est-ce qui domine, le chaud ou le froid ?

4 *Dedans et dehors*

a) Dans le film, l'opposition dedans / dehors se manifeste à plusieurs niveaux, sous plusieurs aspects (concrets ou abstraits) : lesquels ? Pour chacun de ces « niveaux » ou « aspects », caractérisez le « monde » du dedans et celui du dehors.

b) Portes et fenêtres ont souvent, dans ce film comme ailleurs, une symbolique assez évidente : laquelle ? Retrouvez plusieurs passages du film (ou du scénario) dans lesquels une porte ou une fenêtre joue un rôle précis et dites en quoi consiste ce « rôle ».

c) Spontanément, que vous inspire le tableau de Magritte, ci-contre ? Décrivez-le, dites comment on pourrait l'interpréter puis trouvez-lui un titre.

Adieu, l'enfance...

1 Parmi vos souvenirs d'enfance, quels sont ceux qui vous paraissent les meilleurs (ou les plus « intéressants » ou les plus « typiques ») ?

2 Formez trois groupes et partagez-vous les exercices suivants :
   a) Rassemblez tous les mots ou expressions que vous associez aux noms *enfant* et *enfance.* (Notez ces mots et expressions sur des fiches séparées, que vous afficherez ensuite au mur ou au tableau.)
   b) Complétez la phrase suivante par des mots ou expressions qui s'opposent : « *Les enfants peuvent ...(A)..., les adultes doivent ...(B)....* » (trouvez autant de solutions que possible).
   c) Trouvez, pour le début de phrase suivant, le plus de compléments possibles : « *Devenir adulte, c'est ... .* »

3 a) Relevez, parmi les comportements des collégiens, plusieurs exemples qui vous semblent « typiquement » infantiles.
   b) De ce point de vue, qu'est-ce qui différencie Bonnet de ses camarades ?

4 a) Relevez des types de comportement qui vous semblent « typiquement » adultes, en particulier chez les Pères et les professeurs du collège, d'une part, chez les personnes présentes dans le restaurant du Grand Cerf (scène 36), d'autre part.
   b) Dites en quoi les comportements « adultes » sont différents des comportements infantiles. (Pensez aux différentes attitudes possibles face aux émotions, à la sexualité, au danger, aux responsabilités, etc.)

5 Relevez dans le film ou dans le scénario des paroles ou des comportements qui montrent que François et Joseph sont « entre deux âges », c'est-à-dire qu'ils ne sont plus tout à fait des enfants mais pas encore des adultes.

6 A la fin du film, Julien n'est plus vraiment la même personne qu'au début. Dites en quoi il a changé et dans quelle mesure les personnes et les événements du film sont à l'origine de ce changement.

7 a) Regardez la photo ci-dessous, qui représente Julien et le Père Jean. Qu'est-ce qu'elle exprime ?
   b) Si Julien avait pu obtenir cette photo, il l'aurait sans doute collée dans son album et aurait écrit quelques lignes à côté. Mettez-vous à sa place et rédigez un petit texte.

Un film à clés

1 Reconstituez la biographie de Jean Bonnet depuis sa naissance jusqu'à son arrivée à l'internat, à la scène 4. (Servez-vous des quelques informations données dans le scénario et, pour le reste, de votre imagination et de vos connaissances d'Histoire.)

2 Lisez la biographie de Hans-Helmut Michel, ci-contre, et relevez-y tous les éléments dont Louis Malle s'est servi pour créer le personnage de Bonnet, dans son film.

3 a) Dans quelle situation Hans-Helmut Michel se trouve-t-il quand il arrive au Petit-Collège d'Avon, au début de l'année 1943 ? Dans quel état d'esprit est-il très probablement ?

b) Dans quelle mesure la biographie de Hans-Helmut Michel permet-elle d'expliquer certains comportements ou certaines répliques de Bonnet, dans le film ? (Voir, entre autres, les scènes 17 et 27.)

4 Lisez maintenant les informations sur le Père Jacques, ci-dessous. Quels éléments biographiques Louis Malle a-t-il repris dans son film ?

5 a) Quels éléments tirés de ces deux biographies Louis Malle n'a-t-il *pas* repris (ou a-t-il transformés) pour son film ? A votre avis, quelles raisons peut-il y avoir à ces changements ?

b) « *L'imagination s'est servie de la mémoire comme d'un tremplin, j'ai réinventé le passé, au-delà de la reconstitution historique, à la poursuite d'une vérité intemporelle* » écrit Louis Malle. Selon vous, en quoi consiste cette « vérité intemporelle » ?

Le Père Jacques

Lucien Bunel (le futur Père Jacques) naît en 1900. Il devient moine en 1935 et fonde à Avon le Petit-Collège des Carmes, qu'il dirige jusqu'en 1939. Le collège reçoit surtout les enfants de l'aristocratie et de la grande bourgeoisie du nord de la France.
Animé d'une grande énergie, le Père Jacques accorde une grande importance au sport et aux exercices physiques, aux promenades en forêt, aux sorties culturelles, au jeu. C'est aussi un patriote, qui est fait prisonnier en 1940. A sa libération, en 1941, il rouvre les portes du Petit-Collège. Il y procure un emploi à un professeur juif et y cache trois enfants juifs, dont les familles ont été déportées par les Allemands.
Arrêté le 15 janvier 1944, il est conduit en prison puis dans différents camps de concentration. Il meurt à Mauthausen en 1945. (2)

Hans-Helmut Michel

Hans-Helmut Michel est né à Francfort, en Allemagne, en 1930.
En 1933, avec l'arrivée de Hitler au pouvoir, les mesures discriminatoires à l'égard des juifs se multiplient. Le père de Hans-Helmut, un médecin juif allemand, se suicide peu après.
Sa mère se remarie et part avec sa famille en Prusse orientale puis en Pologne, où Hans-Helmut et sa sœur se voient confrontés à l'antisémitisme.
La famille Michel part alors se réfugier en France, en 1938. Les Michel vivent d'abord à Paris où Hans-Helmut va à l'école primaire.
Après l'occupation de Paris par les Allemands, tous les juifs sont recensés et, à partir de juin 1942, Hans-Helmut doit, lui aussi, porter l'étoile jaune.
Au cours de la « Rafle du Vel' d'Hiv' », dans la nuit du 15 au 16 juillet 1942, des policiers français viennent arrêter la mère de Hans-Helmut, qui est emmenée à Drancy avant d'être déportée vers l'Est.
Les enfants vivent alors chez leur grand-mère. En décembre 1942, plusieurs hommes viennent pour arrêter Hans-Helmut et sa sœur, mais ceux-ci arrivent à s'échapper. Ils sont alors recueillis par une amie de leur mère, qui s'arrange pour qu'on leur trouve des faux papiers et un lieu d'accueil : Sous le nom de Jean Bonnet, Hans-Helmut est placé au Petit-Collège d'Avon, à 60 km de Paris.
« Jean Bonnet » se sent en sécurité dans le collège. C'est un brillant élève, qui a de bonnes notes et est le premier dans presque toutes les matières. En octobre 1943, il entre en classe de 5e avec un nouveau, un certain Louis Malle, qui est tout de suite intrigué par Bonnet, le trouvant « différent, secret ».
Une amitié naît peu à peu, qui est brutalement interrompue le 15 janvier 1944 : Dénoncés par quelqu'un, Hans-Helmut et deux autres jeunes juifs qui se cachaient au collège sont arrêtés, ainsi que le Père Jacques (le Supérieur du collège), par des agents de la Gestapo et des soldats allemands.
Les trois enfants sont emmenés à Drancy, puis envoyés à Ausschwitz. (1)

(1) et (2): Informations tirées de
Maryvonne Braunschweig et Bernard Gidel,
Les déportés d'Avon, Editions La Découverte, Paris 1989.

La critique

1 Imaginez qu'un(e) correspondant(e) français(e) qui n'a pas vu *Au revoir, les enfants* vous demande si cela vaut la peine d'emprunter une cassette vidéo pour le regarder. Ecrivez-lui une critique du film. (Parlez de vos propres sentiments et utilisez vos propres mots mais respectez les conseils donnés ci-contre en ce qui concerne le contenu.)

2 Lisez la critique de film ci-dessous, parue en 1997 dans le magazine *Ecran noir* (sans chercher à comprendre *chaque* mot ...)

a) Comment l'auteur de l'article caractérise-t-il *Au revoir, les enfants ?*

b) Quel jugement porte-t-il sur le film ?

3 Imaginez maintenant que vous faites partie du ciné-club de votre lycée et que vous voulez annoncer la projection du film *Au revoir, les enfants.*
Concevez et réalisez une affiche (ou un tract) dont le but est d'attirer le plus d'élèves possibles. Réunissez quelques photos (cherchez sur Internet, p. ex. à l'adresse http://home.t-online.de/home/SchneiderF/malle.htm#screenshots) et composez un texte qui présente le film (sans raconter la fin pour maintenir le suspense !).

En règle générale, une critique **doit**

- proposer un bref *résumé* de l'œuvre (ou, au moins, en indiquer le sujet et le cadre) ;
- mettre en évidence ses principaux *points forts* (ou faibles) ;
- explicitement OU implicitement : refléter l'*opinion personnelle* et les sentiments de celui qui la rédige et déboucher sur un *conseil* au lecteur (aller ou ne pas aller voir le film, lire ou non le livre, etc.).

Une critique **peut** également

- commenter l'action ou le message ;
- proposer quelques portraits de personnages ;
- exprimer un jugement sur des aspects distincts de l'œuvre (le thème, la mise en scène, le suspense, la musique, les décors, l'interprétation des comédiens, le travail de la caméra, etc.) et / ou sur la « valeur artistique » de l'ensemble ;
- comporter quelques remarques sur (ou de) l'auteur.

Au revoir, les enfants

Au revoir, les enfants. A travers ce film, Louis Malle remonte dans ses souvenirs d'enfance. Et cela passe d'abord par la description de sa vie au pensionnat. Tout donne l'impression d'un monde froid et austère, dont la rigidité se mesure à la discipline et aux rituels catholiques tels que la confession. Les couleurs et la lumière froide, très pâle, renforcent ainsi l'impression de l'hiver laissant les enfants transis de froid.

Au revoir, les enfants dépeint aussi une époque, celle de l'occupation. Contrairement à bien des films français, cette période n'est pas présentée de façon caricaturale, mais de la façon la plus juste de la part d'un homme qui l'a vécue, et c'est une des richesses du film, qui prend là sa valeur de témoignage. Les Allemands ne sont pas présentés comme des êtres abjects, mais comme des hommes vivant une situation de guerre. A deux reprises, Louis Malle leur donne un visage humain. Tout d'abord lorsqu'ils retrouvent Julien et Jean perdus dans les bois, et les ramènent au pensionnat : ils leur offrent une couverture pour se réchauffer. Et aussi lors de la sortie du dimanche, au restaurant : alors qu'un milicien veut mettre dehors un juif habitué du restaurant, des soldats allemands interviennent pour qu'on laisse le vieil homme en paix. Louis Malle rompt avec la présentation traditionnelle de l'Allemand et du traître dans les films sur l'occupation, sans pour autant tomber dans la complaisance.

Malgré le cadre austère du collège et le contexte de guerre, une amitié va naître entre Julien et Jean. Là encore, l'évolution est finement analysée par Louis Malle. La naissance et les différentes étapes de cette relation, qui passera par la méfiance, la curiosité, l'intérêt, la compassion pour déboucher sur une véritable amitié, est le moteur du film. Julien voit d'abord d'un mauvais œil l'arrivée de Jean qui, excellent élève, devient un rival dans le domaine scolaire. Peu à peu, Julien est intrigué par Jean et sa différence d'avec les autres pensionnaires, et découvre par hasard qu'il est juif. Leur mésaventure dans la forêt – ils se sont perdus – les unira. Jusqu'à ce que Julien, en voyant les Allemands débarquer dans sa classe à la recherche des enfants juifs, jette un regard en direction de son ami, le désignant malgré lui comme étant un des enfants recherchés. Ce regard, qui condamne Jean involontairement, est un regard d'amitié, de soutien à un ami dont Julien comprend pour la première fois qu'il est victime de racisme. C'est une confrontation à un phénomène qu'il ne connaissait pas, et dont il ne mesure pas encore les conséquences.

Un peu plus de dix ans après sa sortie, *Au revoir, les enfants* est un classique du cinéma français. Mais au delà de ce statut, ce qui donne une telle résonance à ce film, c'est la sincérité de son propos et de son réalisateur. A voir et revoir, pour ne pas oublier.

France-Marie

 (texte abrégé)

Auschwitz, connais pas !

1 Répondez aux questions suivantes.

a) D'après ce que vous savez, qu'est-ce que l'Holocauste ?

b) D'une manière générale, connaissez-vous ou avez-vous entendu parler d'Auschwitz, Dachau et Treblinka ? Et si oui, pouvez-vous dire ce que c'était ?

c) A propos des personnes qui nient l'Holocauste et l'existence des chambres à gaz, quelle est votre position ?

1) Il est normal que ces personnes soient condamnées en justice, car elles nient un fait historique grave.

2) Il n'est pas normal de condamner ces personnes car chacun est libre de penser ce qu'il veut.

d) Souhaiteriez-vous qu'à l'avenir la question de l'Holocauste dans les programmes scolaires …

1) soit davantage traitée ? 2) soit moins traitée ? 3) soit traitée comme actuellement ?

e) Diriez-vous que les massacres ou génocides qui ont eu lieu au Rwanda, dans les goulags soviétiques ou au Cambodge sous Pol Pot 1) sont de même nature que l'Holocauste ou 2) sont différents ?

2 Examinez ci-dessous le sondage de la SOFRES publié le 3 février 2000 dans le magazine *Le Nouvel Observateur*. Ce sondage a été fait fin 1999 en France et en Allemagne auprès de jeunes de 14 à 18 ans.

a) Comparez vos réponses aux questions de l'exercice 1 à celles du sondage : soulignez les réponses qui correspondent à celles que vous aviez données (ou qui en sont les plus proches).

b) Formulez et commentez les « conclusions » que l'on peut tirer de ce sondage *(voir ci-contre quelques mots et expressions à utiliser)*.

Pour parler de sondages

x % des Français / Allemands …
une (large) majorité / une (petite) minorité de …
la moitié / un tiers / un quart des …
près d'un Français / Allemand sur 5 / 10 / x …
… sait / ignore / pense / estime / juge / souhaite que …
… approuve / condamne le fait que …
… trouve (a)normal / (in)juste / que … / de *(+ inf.)*
… n'a aucune opinion / est incapable de répondre

D'après ce que vous savez, qu'est-ce que l'Holocauste?

(réponses spontanées)*	*Français*	*Allemands*
– L'extermination / le massacre des juifs	8	11
– L'extermination / le massacre des juifs par les nazis / Hitler / les Allemands	5	14
– Quelque chose en rapport avec la guerre / avec les juifs / avec un [autre] génocide	7	3
– Autres	3	7
– Sans réponse	**76**	**65**

D'une manière générale, connaissez-vous ou avez-vous entendu parler d'Auschwitz, Dachau et Treblinka? Et si oui, pouvez-vous dire ce que c'était?

(réponses spontanées)*	*Français*	*Allemands*
– Des camps de concentration	49	55
– Des noms de ville	1	0
– Quelque chose en rapport avec la guerre	1	0
– Autres	1	7

** Total supérieur à 100 % en raison des réponses multiples*

A propos des personnes qui nient l'Holocauste et l'existence des chambres à gaz, quelle est votre position?	*Français*	*Allemands*
1) Il est normal que ces personnes soient condamnées en justice, car elles nient un fait historique grave.	54	37
2) Il n'est pas normal de condamner ces personnes car chacun est libre de penser ce qu'il veut.	43	61
– Sans réponse	3	2

Souhaiteriez-vous qu'à l'avenir la question de l'Holocauste dans les programmes scolaires …	*Français*	*Allemands*
1) soit davantage traitée ?	65	53
2) soit moins traitée ?	2	9
3) soit traitée comme actuellement ?	32	38
– Sans réponse	1	0

Diriez-vous que les massacres ou génocides qui ont eu lieu au Rwanda, dans les goulags soviétiques ou au Cambodge sous Pol Pot … *(question posée en France uniquement)*	
1) sont de même nature que l'Holocauste ?	65
2) sont différents ?	29
– Sans réponse	6

Le devoir de mémoire

25

Le 16 juillet 1995, lors des cérémonies de commémoration de la grande rafle des 16 et 17 juillet 1942, le président de la République Jacques Chirac a prononcé un discours dont voici de larges extraits.

Il est, dans la vie d'une nation, des moments qui blessent la mémoire, et l'idée que l'on se fait de son pays. Ces moments, il est difficile de les évoquer, parce que ces heures noires souillent à jamais notre histoire, et sont une injure à notre passé et à nos traditions. Oui, la folie criminelle de l'occupant a été secondée par des Français, par l'Etat français.

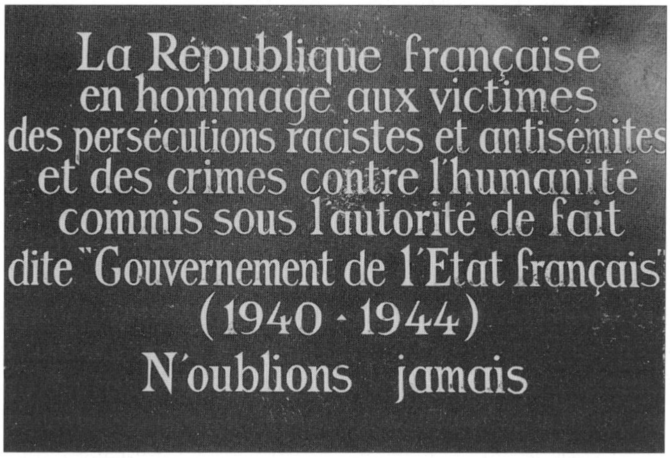

Photo : Plaque commémorative de la Gare de l'Est, Paris

Il y a cinquante-trois ans, le 16 juillet 1942, 450 policiers et gendarmes français, sous l'autorité de leurs chefs, répondaient aux exigences des nazis. Ce jour-là, dans la capitale et en région parisienne, près de dix-mille hommes, femmes et enfants juifs furent arrêtés à leur domicile, au petit matin, et rassemblés dans les commissariats de police. Pour toutes ces personnes arrêtées, commence alors le long et douloureux voyage vers l'enfer. Combien d'entre-elles ne reverront jamais leur foyer ? Et combien, à cet instant, se sont senties trahies ? Quelle a été leur détresse ?

La France, patrie des Lumières et des Droits de l'Homme, terre d'accueil et d'asile, la France, ce jour-là, accomplissait l'irréparable. Manquant à sa parole, elle livrait ses protégés à leurs bourreaux. Conduites au Vélodrome d'hiver, les victimes devaient attendre plusieurs jours, dans les conditions terribles que l'on sait, d'être dirigées sur l'un des camps de transit - Pithiviers ou Beaune-la-Rolande - ouverts par les autorités de Vichy. L'horreur, pourtant, ne faisait que commencer.

Cinquante ans après, fidèle à sa loi, mais sans esprit de haine ou de vengeance, la Communauté juive se souvient, et toute la France avec elle. Pour que vivent les six millions de martyrs de la Shoah. Pour que de telles atrocités ne se reproduisent jamais plus.

Quand souffle l'esprit de haine, avivé ici par les intégrismes, alimenté là par la peur et l'exclusion. Quand à nos portes, ici même, certains groupuscules, certaines publications, certains enseignements, certains partis politiques se révèlent porteurs, de manière plus ou moins ouverte, d'une idéologie raciste et antisémite, alors cet esprit de vigilance qui vous anime, qui nous anime, doit se manifester avec plus de force que jamais. En la matière, rien n'est insignifiant, rien n'est banal, rien n'est dissociable. Les crimes racistes, la défense de thèses révisionnistes, les provocations en tout genre - les petites phrases, les bons mots - puisent aux mêmes sources.

Les valeurs humanistes, les valeurs de liberté, de justice, de tolérance qui fondent l'identité française et nous obligent pour l'avenir, celles qui fondent nos démocraties, sont aujourd'hui bafouées en Europe même, sous nos yeux, par les adeptes de la « purification ethnique ».

Sachons tirer les leçons de l'Histoire. N'acceptons pas d'être les témoins passifs, ou les complices, de l'inacceptable.

une rafle Razzia – 4 **souiller** besudeln – 6 **une injure** une insulte – 24 **la détresse** Not, Verzweiflung – 25 **les Lumières** Aufklärung – 26 **une terre d'accueil** Gastland – 38 **les atrocités** *f* Greuel(taten) – 42 **l'intégrisme** *m* – fundamentalistische Strömung – 54 **rien n'est indissociable** nichts kann isoliert gesehen werden– 61 **bafouer** mit Füßen treten – 62 **un adepte** Anhänger, Befürworter.

1 Dans quel « esprit » ce discours du président de la République a-t-il été fait ?

2 a) Relevez les événements de juillet 1942 qui y sont mentionnés. Dites qui sont les *protégés* et les *bourreaux* (L. 24-28).
   b) Quelle attitude le président de la République prend-il vis-à-vis du gouvernement de Vichy ?
   c) Lisez le texte de la plaque commémorative et expliquez pourquoi ces « autorités » sont mentionnées de cette manière.

3 a) De qui peut-il être question quand Jacques Chirac parle « des » intégrismes d'aujourd'hui (L. 43) ?
   b) D'après ce discours, par qui ou par quoi la société française est-elle menacée, entre autres ?
   c) Comment faut-il réagir face à ces menaces, d'après Jacques Chirac ? Concrètement, que peut-on faire, d'après vous ?

4 A quoi le passage sur la « purification ethnique » (L. 62) fait-il allusion, à votre avis ? Dans quelle mesure y a-t-il des parallèles avec la déportation des juifs pendant la Seconde Guerre mondiale ?

Pour aller plus loin

Lacombe Lucien et Au revoir, les enfants : étude comparée

Ces deux films de Louis Malle sont sortis avec 14 ans d'écart (1973 et 1987) mais présentent de nombreux points communs. Après avoir vu *Lacombe Lucien* (ou lu son scénario), comparez les deux films sous différents aspects.

1 Le contexte historique :
   a) A quelle époque l'action a-t-elle lieu ? Comment cette époque est-elle représentée dans les deux films ? Sous quelles formes la guerre y est-elle présente ?
   b) Quels sont les groupes (politiques, sociaux) en présence ? A quels groupes appartiennent les personnages principaux ?

2 Les personnages :
   a) Lucien et Joseph – Comparez leur origine et leur milieu socio-culturel, leur « rôle » dans la société, les événements et les motifs qui les poussent à trahir, leur comportement avant et après la trahison.
   Dans quelle mesure peut-on dire, comme le fait Louis Malle, que Joseph « est le cousin de Lucien Lacombe »?
   b) M. Horn et M. Meyer – Reconnaissez-vous des parallèles dans leurs mentalités et leurs comportements ? Comment se comportent-ils face aux collaborateurs ?

3 La dramaturgie : Les deux films se terminent par la mort. Comment celle-ci est-elle présentée ? Comment cette fin est-elle « préparée » tout au long des films ? Quels « moments d'espoir » Louis Malle introduit-il pour entretenir le suspense ?

4 La genèse : Dans quelles conditions les deux films ont-ils vu le jour ? Quelle a été l'approche personnelle de Louis Malle ?

Projets

En groupes, choisissez l'un des thèmes suivants puis, à l'aide des informations et des documents que vous trouverez sur internet ou ailleurs, présentez-en les aspects qui vous sembleront les plus intéressants sous une forme aussi originale que possible (pages en ligne, affiches, brochures, graphiques, etc.)

1 La déportation des juifs durant la Seconde Guerre mondiale (Par qui ? Pourquoi ? Comment ?)
- http://perso.wanadoo.fr/d-d.natanson/ (site de « Mémoire juive et éducation » - très fourni)
- http://student1.coloradocollege.edu/students/~S_CLARK/welcome.htm (bilingue anglais-français - succint, mais clair)
- http://www.musee-resistance.com/visGuid/peuHist/index.asp (« visite guidée » du Musée de la Résistance)
- http://www.memorial-cdjc.org/ (site du Mémorial de la Shoah)
- http://www.cie.fr/urdf/vichy/savait.htm (la lettre des Résistants et déportés juifs : « Vichy savait »)
- http://www.camp-de-drancy.asso.fr (site du camp de transit de Drancy)
- http://www.izieu.alma.fr/francais/frame_principale.htm (site du Musée-mémorial des Enfants d'Izieu)
- http://www.educreuse23.ac-limoges.fr/loewy/realisations/enfants/sommaire.htm
  (sur le sauvetage des enfants juifs - témoignages et nombreuses informations sur l'époque, sur l'antisémitisme etc.)
- http://www.chez.com/memoirevive/ (sur les déportations de prisonniers politiques)

2 Les juifs dans la France d'aujourd'hui (Qui sont-ils ? Comment se définissent-ils ? Quels sont leurs centres d'intérêt ?)
- http://www.topj.net (site-portail de la communauté juive francophone)
- http://www.alliancefr.com/ (magazine interactif de la communauté juive francophone)
- http://www.col.fr/ (site institutionnel de la communauté juive de France)
- http://www.consistoire.org/ (site du Consistoire Central de France, la plus ancienne institution juive française)
- http://www.col.fr/tj/ (site du magazine *Tribune juive*)
- http://www.cjc.ca/holidayguide-fr.htm (description des fêtes juives)

3 Au revoir, les enfants, un film-culte ? Le film et son auteur – intentions et perceptions
Parmi les nombreux sites que vous retrouverez facilement à l'aide d'un moteur de recherche, choisissez ceux qui vous paraîtront les plus intéressants, entres autres :
- http://home.t-online.de/home/SchneiderF/malle.htm (en anglais)
- http://www.geocities.com/Paris/7718/